「絶対に
負けたくない！」
から紐解く

穴パターン事典

メシ馬 著

ケーススタディ

JN212415

まえがき ——————————————————— 3

ケーススタディ 01
⑩ 2019年4月28日　東京10R　晩春ステークス（芝1400m）

ケーススタディ 02
⑱ 2019年6月30日　中京2R　3歳未勝利（芝1600m）

ケーススタディ 03
㉖ 2019年6月29日　福島10R　郡山特別（ダ1150m）

ケーススタディ 04
㊱ 2019年6月23日　東京10R　夏至S（ダ1600m）

ケーススタディ 05
㊿ 2019年6月23日　東京9R　清里特別（ダ1400m）

ケーススタディ 06
62 2019年7月13日　中京2R　3歳未勝利（ダ1900m）

ケーススタディ 07
72 2019年7月6日　福島12R　3歳以上1勝クラス（ダ1700m）

ケーススタディ 08
86 2019年7月7日　福島10R　天の川賞（ダ1700m）

ケーススタディ 09
96 2019年9月14日　阪神10R　芦屋川特別（芝1200m）

ケーススタディ 10
112 2019年8月25日　小倉11R　小倉日経OP（芝1800m）

穴馬分析コラム

01　間隔を開けた方が良い馬と間隔を詰めた方が良い馬 —— 49
02　未勝利戦のレベル低下と距離延長 ———————— 71
03　加速ラップの評価の仕方 ——————————————— 95
04　ハイペース前潰れは妙味を生みやすい ——————111

　昨年11月に上梓した『穴パターン事典』は、「参考にして的中できました！」とコメントいただくなど、その名の通り"穴馬を見つける事典"として機能していることを実感しています。とはいえ、『穴パターン事典』はいわば基礎編としてパターンを羅列しただけに留まっており、+αの応用や深掘りの仕方、また次のステップにつながる思考の展開などについて触れることができていませんでした。そこで、今回はよりクリティカルに穴馬を狙うための"思考の過程"を公開することで、より『穴パターン事典』の各項目をどのように使えば良いか、イメージを掴んでもらえると思っています。

　また、今回のケーススタディでは穴馬を見つけるだけではなく、競馬で勝つために必要な"勝ちへと正しく向かう"方法についても細かく散りばめています。

　前著『穴パターン事典』でも挙げている例でいえば、【逃げ残ると予想】して【本命＝人気薄の逃げ馬】にしているにも関わらず、強いからという曖昧な理由で1番人気の差し馬を対抗にしてしまうといったことは絶対にやめるべきという考え方です。

　1番人気の差し馬の回収率は80％程度ですが、これは少しデフォルメした表現で、実際には、差しが決まる馬場では100％の回収率、前が残る馬場では60％の回収率、合わせて80％の回収率になるという仕組みです。

　先の例で言えば、【逃げ残る＝前に行った馬が有利】として人気薄の穴馬に本命を打っているのですから、前有利の状況で差し馬を買うというのがいかに愚行かわかるはずです。そもそも前に行った馬が有利とする予想で人気薄の馬を本命にして、その馬が好走した場合は、同じく前に行ったある程度の人気馬も恵まれる可能性が高いので、その馬を相手に馬券を買ったほうが論理的に正しく、高配当を見込むことができます。

　当たり前のことを言っているよう思われるかもしれませんが、オッズ（支持率）を正とした場合、多くの人がそういった当たり前のことさえもできていないのが実状です。試しに下のクイズに回答してみてください。

Q1　馬A〜Dのレース④での着順は？

レース①		
着順	馬名	着差
1		
2		
3	馬A	
4		1.1/4
5	馬B	クビ

レース②		
着順	馬名	着差
1		
2		
3	馬C	
4	馬A	アタマ
5	馬D	1

レース③		
着順	馬名	着差
1		
2	馬D	
3	馬C	1.3/4
4		
5		

レース④

Q2 馬A〜Dのレース④での人気順は？

レース①				レース②				レース③				レース④
着順	馬名	着差		着順	馬名	着差		着順	馬名	着差		
1				1				1				
2				2				2	馬D			
3	馬A			3	馬C			3	馬C	1.3/4		
4		1.1/4		4	馬A	アタマ		4				
5	馬B	クビ		5	馬D	1		5				

レース①〜④は実際にあったレースです。それでは答えを見てみましょう。

レース①

2019年5月26日　京都9R　御池特別　芝1200m良

着	馬名	性齢	斤量	騎手	タイム	位置取り	上がり	人気
1	7⑬ ダイシンバルカン	牡7	54	松若風馬	1.08.0	1-1	33.6	9
2	6⑫ タイセイアベニール	牡4	56	幸英明	1.08.2	6-5	33.1	1
3	3⑤ アルモニカ ←馬A	牝4	53	丸山元気	1.08.3	6-4	33.4	5
4	4⑦ アーヒラ	牝4	53	杉原誠人	1.08.5	2-3	33.8	12
5	2③ メイショウシャチ ←馬B	牡6	54	吉田隼人	1.08.5	8-5	33.4	4

レース②

2019年7月27日　小倉10R　由布院特別　芝1200m良

着	馬名	性齢	斤量	騎手	タイム	位置取り	上がり	人気
1	4⑥ ジュランビル	牝3	52	和田竜二	1.08.0	2-2	34.1	1
2	7⑪ トウカイレーヌ	牝5	55	斎藤新	1.08.2	3-3	34.2	10
3	6⑩ コウエイダリア ←馬C	牝5	55	松山弘平	1.08.2	7-10	33.7	6
4	4⑤ アルモニカ ←馬A	牝4	55	福永祐一	1.08.2	1-1	34.4	3
5	5⑧ ラミエル ←馬D	牝3	52	川田将雅	1.08.4	5-5	34.1	2

レース③

2019年8月17日　小倉10R　戸畑特別　芝1200m良

着	馬名	性齢	斤量	騎手	タイム	位置取り	上がり	人気
1	6⑩ キラーコンテンツ	牡5	57	福永祐一	1.08.7	4-5	34.9	1
2	7⑫ ラミエル ←馬D	牝3	52	川田将雅	1.08.7	8-7	34.5	2
3	3③ コウエイダリア ←馬C	牝5	55	浜中俊	1.09.0	4-3	35.2	3
4	7⑪ サンライズカナロア	牡4	57	中井裕二	1.09.1	2-2	35.5	10
5	6⑨ ゲンパチケンシン	牡5	57	西村淳也	1.09.1	11-11	34.7	11

PROLOGUE

レース④

2019年9月14日　阪神10R　芦屋川特別　芝1200m良

着	馬名	性齢	斤量	騎手	タイム	位置取り	上がり	人気
1	5⑨ブリッツアウェイ	牝3	53	北村友一	1.08.1	3-3	34.7	12
2	5⑩キャスパリーグ	牝5	55	松若風馬	1.08.1	16-14	33.5	4
3	7⑭ワールドフォーラブ	牝5	55	和田竜二	1.08.2	6-5	34.5	11
4	2④ケイアイサクソニー	牡3	55	藤懸貴志	1.08.2	1-1	35.2	5
5	8⑯コウエイダリア ◀ 馬C	牝5	55	浜中俊	1.08.2	11-13	33.9	10
6	3⑤ラミエル 馬D	牝3	53	松山弘平	1.08.2	6-7	34.3	2
7	4⑦レストンベ	牝3	53	岩田康誠	1.08.2	9-9	34.2	14
8	7⑬セプタリアン	牡3	55	福永祐一	1.08.4	10-7	34.4	3
9	2③アルモニカ 馬A	牝4	55	川田将雅	1.08.4	5-5	34.7	1
10	1②サヤカチャン	牝4	55	高倉稜	1.08.5	8-9	34.6	8
11	4⑧メイショウシャチ ◀ 馬B	牡6	57	吉田隼人	1.08.5	13-14	34.0	16
12	3⑥アリア	牝4	55	菱田裕二	1.08.5	10-11	34.2	9
13	1①オーバキャマラード	牝3	53	藤岡康太	1.08.6	10-11	34.4	13
14	6⑫オトナノジジョウ	牝3	53	吉村智洋	1.08.9	2-2	35.9	15
15	8⑮コンパウンダー	牡4	57	秋山真一郎	1.08.9	13-16	34.2	6
16	6⑪トップソリスト	牝3	53	武豊	1.09.1	3-3	35.6	7

　着順はC→D→A→B、人気順はA→D→C→Bです。おそらく着順はおおよそ正しく当てることができたのではないでしょうか？ 反対に人気については大きく外した方が多いと思います。

　競馬で予想をするのは人気ではなく当然着順です。単純な着差だけでなく分析することは複数あるにせよ、今みなさんは簡単に力関係を見抜くことができたと思います。そもそも先の問題においてなぜ馬Aが人気するのでしょうか？ なぜ馬Aが人気するのかわからないと思った方は、競馬予想で勝てるヒントを得たことになります。まさにこういう馬こそが、【人気馬＝多くの馬券購入者が買っている＝多くの馬券購入者は負けている】という仕組みで出来上がっている、買ってはいけない人気馬なのです。

　馬Aが自然と人気馬として扱われてしまうように、競馬予想はいまだに「なんとなく買う」「人気馬だから買う」「強そうだから買う」という予想が主流なのです。では私たちが競馬予想で勝つためにやることは何でしょうか？ 答えは単純明快。根拠を持って予想をすることなのです（※当然着順だけで評価するものではありませんが、その他様々な穴パターンの項目で照らし合わせても馬Aがその他の馬に先着することはないと分析できたレースでした。詳細はP96に記載しているので、ぜひご覧ください）。

本書の立ち位置

　本書は、真新しい予想理論を武器に「○○○で▲▲▲の馬を買えば回収率が150％だ！」

といったようなものではありません。そのような予想理論でもし本当に勝てたとしても、それを本として世に出してしまった時点で、真似をする人が増えオッズが下がることで、以前のように回収率150％を達成することは不可能になるでしょう。

　今勝てるとされているデータはいつまで正しいのでしょうか？

　そのデータが当たり前として知られだしたら、そのデータは勝てるデータではなくなる可能性が非常に高くなります。「その時はまた勝てるデータを見つけてくればいい」という方もいるかと思いますが、見つけた時には勝てないデータになっている可能性はありませんか？

　近年は外厩の充実により、ゆとりあるローテーションでＧⅠに挑戦してくる馬や、前哨戦を使わず、いきなり休み明けでＧⅠに出走してきて勝ち切ってしまう馬も増えてきました。これによって、過去5年、過去10年で見たローテーションというデータはまったく意味のないものになりました。

　他にも、降級制度の廃止により、条件戦において従来よりも圧倒的に3歳馬が結果を残すようになりました。これによって「このレースでは〇歳馬有利！」といったデータもまったくもって意味のないものになったと言って良いでしょう。

　上のクラスで勝てなかった馬が降級してライバルとして立ちはだかっていたところが、まったくいなくなるのですから、3歳馬が有利になるであろうことは条件戦が始まる前から容易に想像できることです。しかし、それが競馬ファンの共通認識ではないからこそ2019年＝降級制度廃止元年は3歳馬の成績が良くなっているわけです。降級制度がなくなったところで決して3歳馬が強くなるわけではありませんからね（笑）。

　このように、競馬は少し考えればデータなどに頼らずとも勝つための正解が見えてくることが多く、考える人が少ないからこそ、考えた先に妙味が眠っています。

　本書では、例題となるレースを取り上げてなぜその馬を狙うのかを事細かに考察しているため、やや難しく思われるかもしれません。ただし誤解してほしくないのは、決して本書内のパターンを全部覚えてくださいというわけではなく、みなさんの考える力を養うための参考にしてもらえればと思っています。

　競馬で起こる現象に対してなぜその現象が発生するのかを考えることができれば、前述したように競馬のルールが変わったとしても、すぐに対応することができると思います。

　例えば、京都競馬場は改修工事のため、2020年11月から2023年3月まで開催を休止します。これで改修前のデータはもう意味のないものになってしまい、何年もデータのサンプルができるまで統計的データは使えないでしょう。そんな時に考える力があれば、簡単に美味しい穴馬を見つけて突破できる大きなチャンスになると思います。無駄を省きたい性格のため、とことん無駄を省くことにこだわってきた私が、最終的に行き着いた所が、「考える」ということです。競馬は非常に短いスパンで競走馬が入れ替わっていき、いつまでも同じ馬が出るわけでもないので、自分で考えて、柔軟に予想をしていかなければ勝つことはできませんからね。

PROLOGUE

競馬で負けないための基礎 ——— パリミュチュエル方式を理解する

パリミュチュエル方式

公営競技における投票券などの配当を決定する一つの方法で、投票券の総売り上げをプールし、主催者はそこから一定割合を差し引き、残りの金額を勝ち投票券に配分する方法。パリミュチュエル方式では、まず販売所において自分の予想となる券を購入。この時点において配当はまだ確定していない。そして購入額を全てプールする。その後、レースや抽選を行い当選の番号と当選者が確定する。この時点でプールした金額から、主催者収入として所定の割合（控除率）が差し引かれて残りを当選者で分配する。

上記でパリミュチュエル方式がどういった仕組みであるかは理解できるかと思いますが、競馬におけるパリミュチュエル方式の本質は、「周知の事実であればあるほど勝ちにくい」というパラドックスを抱えていることにあります。

実際の例で見てみましょう。

競馬ファンの間ではディープインパクト産駒が強いというのは周知の事実ですし、数字面を見ても好走率が他の種牡馬に比べダントツで高いです。

しかしながら周知の事実となりすぎたため、パリミュチュエル方式であるJRAの馬券発売方式では、ディープインパクト産駒を買うだけでは儲からない。儲からないどころか単勝だと平均以下の数字になってしまっています。

種牡馬成績（勝利数順）　集計期間：2019年9月30日から過去2年

順位	種牡馬	複勝率	単回収率	複回収率	順位	種牡馬	複勝率	単回収率	複回収率
1	ディープインパクト	35.3%	71	77	21	ヨハネスブルグ	20.1%	60	77
2	ハーツクライ	27.2%	66	74	22	ノヴェリスト	21.4%	64	62
3	ロードカナロア	31.5%	71	74	23	ディープブリランテ	20.3%	55	72
4	キングカメハメハ	29.0%	83	80	24	シンボリクリスエス	18.9%	83	76
5	ルーラーシップ	26.7%	62	72	25	パイロ	21.1%	73	81
6	ダイワメジャー	26.2%	64	79	26	シニスターミニスター	22.8%	108	83
7	ゴールドアリュール	22.9%	76	74	27	スクリーンヒーロー	22.9%	87	91
8	ステイゴールド	26.2%	61	74	28	ネオユニヴァース	17.3%	72	74
9	ハービンジャー	23.7%	63	63	29	ジャスタウェイ	24.3%	51	66
10	オルフェーヴル	25.8%	55	75	30	カネヒキリ	21.3%	58	75
11	クロフネ	24.1%	63	69	31	アドマイヤムーン	15.4%	47	47
12	ヘニーヒューズ	27.5%	99	84	32	カジノドライヴ	24.7%	84	95
13	キンシャサノキセキ	24.7%	72	78	33	ゼンノロブロイ	16.1%	122	80
14	マンハッタンカフェ	24.7%	78	68	34	メイショウボーラー	14.7%	55	52
15	エンパイアメーカー	24.7%	70	78	35	ワークフォース	17.2%	57	69
16	ヴィクトワールピサ	21.7%	88	67	36	タートルボウル	20.2%	57	79
17	サウスヴィグラス	23.7%	101	76	37	タイキシャトル	18.9%	89	78
18	ブラックタイド	19.1%	80	66	38	スウェプトオーヴァーボード	16.6%	48	61
19	エイシンフラッシュ	17.2%	77	72	39	ローエングリン	19.5%	54	74
20	アイルハヴアナザー	21.9%	106	98	40	スマートファルコン	17.9%	77	76

平均：複勝率21.5%　単回収率72%　複回収率72%

万能キングカメハメハは圧巻の成績ですが、リーディングの上位ほど軒並み回収率が平均以下。特にハーツクライにいたっては単勝回収率が66％にまで落ち込んでいます。反対にリーディング下位になるほど、回収率が平均以上になる種牡馬がちらほら。その中でも回収率が100％を超えている種牡馬を見ると、サウスヴィグラス、アイルハヴアナザー、シニスターミニスター・ゼンノロブロイです。これらの種牡馬が回収率を100％超えているということを知っていた（イメージできた）方はいますでしょうか。

　リーディング上位の馬は複勝率が高いにも関わらず、回収率では複勝率の低いリーディング下位の種牡馬に負けてしまっています。これは何が起こっているかというと、リーディング上位の種牡馬の成績が良いことが周知の事実として知れ渡り過ぎ、皆が馬券を買うことによって、的中者で分配方式をとるパリミュチュエル方式ではオッズが下がってしまうわけです。しかしながら、好走率は馬券をいくら購入したとしても上がらないため、結局のところ払い戻しだけが安くなっていってしまう……このように生まれた事実と回収率のパラドックスが、まさしくパリミュチュエル方式で行われる競馬の本質です。

　イメージを理解していただくために、実態とは少し違いますが、例を紹介します（※実際は馬ごとにオッズがあるので平均オッズに意味はないです）。

ディープインパクト産駒の平均複勝オッズ：2倍（200％）
ディープインパクト産駒の複勝率：35.3％＝200（％）×35.3％÷100％＝70.6％

ディープインパクト産駒の平均複勝オッズ：3倍（300％）
ディープインパクト産駒の複勝率：35.3％＝300（％）×35.3％÷100％＝105.9％

　馬券購入者側が馬券をたくさん買ったからと言って好走率は変わりません。しかしながら、馬券は購入されればされるほどオッズは下がります。

　上記のディープインパクト産駒の例で言うと、平均複勝オッズが2倍の場合は回収率70.6％ですが、平均複勝オッズが3倍の場合は105.9％にまで上がります。

　つまり、上記のことから、競馬において事実であることと、儲かることは全くの別物であることがわかります。

　それゆえに、事実でなくても儲かる目もあるということになります。

　先ほどのゼンノロブロイ産駒は単勝回収率こそ高いですが、勝率はなんと5.0％しかありません。とはいえ、

ゼンノロブロイ産駒はめちゃくちゃ勝つ！ 勝率が高い!!

なんてことは当然事実ではありません。しかし、ゼンノロブロイ産駒だけを買い続ければ平均以上、さらに上手くいけば儲かるのです。

PROLOGUE

　競馬の馬券という観点においては、あまりに競馬ファンに定着しきった常識にとらわれることが一番危険です。それこそディープインパクト産駒は強いという誰でもわかるような概念です。

　競馬で勝つためには、競馬はパリミュチュエル方式であることを常に強く意識しておくことが非常に大事であり、本書もそれを強く意識して読んでみてください。

本 書 の 使 い 方

　本書では、例題として挙げるレースを事前にご自身で予想してもらうことでより効果的に競馬力を上げることが可能です。

　考える力を養うことを最大の目的としている以上、与えられたものだけでなく、まずは現状の予想方法でどれほど思慮を巡らせることができるかを測ってもらいたいと思います。こうすることでより一層内容の理解を深めることができるという狙いがあります。

　項目は2パターン用意しています。

❶『穴パターン事典』の内容などを使い、
　特定のレースから穴馬をピックアップしてもらう項目
❷『穴パターン事典』の内容などを使い、
　特定のレースから穴馬と消し候補の人気馬をピックアップしてもらう項目

　『穴パターン事典』で紹介した内容だけではなく、『穴パターン事典』では記載しなかった考え方など、競馬予想をする上で必要な考え方をふんだんに盛り込んでいるので、ぜひ1項目ごとに存分に考える時間を取ってもらい、自身の回答が出揃ってから解説を見るようにしてください。そうすることで、いざ出走表と向き合った時にどの切り口から考えを巡らせていくべきかがわかるはずです。

　予想をする際には、netkeiba.comでもJRA-VANでもJRAの出馬表でも、ご自身が普段使っている媒体を見ていただいて構いません。

　また、巻末の折り込みに『穴パターン事典』に掲載したパターンの一覧を用意しているので、そちらを参考にしてどのパターンに当てはまるかを考えてみてください。

クラス表記について

2019年の夏季競馬から競走条件の呼称が、500万下→1勝クラス、1000万下→2勝クラス、1600万下→3勝クラスに変更されました。本書では呼称変更前後のレースを取り上げているため、ふたつの呼称が混在しています。あらかじめご了承ください。

CASE STUDY 01

2019年4月28日 東京10R

晩春S（1600万下）

芝1400m良

> 穴パターンに当てはまりそうな馬をピックアップしましょう。※穴馬の定義は便宜上5番人気以下とします。

5走前

		馬名		
1人 ① 白	関西(61.7)64.0 ◎△△◎△△◎ 55 田辺 4.7 初騎乗	⊗ダイワメジャー⊕ **ラヴィングアンサー** ラブレター① ロックオブジブラルタル 笠松牧場	牡5 鹿毛 小倉	石坂正0.0.0.0 4-2-4-7 過4未1½牝5½280 1350
5人 ② 黒	関西(61.8)63.0 ▲∶△△∶∶△ 52 藤岡康 9.0 0013	⊗メイショウボーラー園申⊕ **デスティニーソング** マルカデスティニー⑩ サンデーサイレンス㈱ノルマンディ岡田スタッド	牡5 鹿毛 中京	松下栗0.0.0.0 4-5-1-18 過4¾牝4½280 1550
2人 ③ 赤	関西(65.7)61.6 △○△○○○△ 56 石橋脩 4.3 初騎乗	⊗ダイワメジャー⊕ **ボンセルヴィーソ** バイモユリ① サクラローレル 名古屋友豊㈱ 白井牧場	牡5 栗毛 中京	池添学栗0.0.0.0 2-3-5-10 過2¾牝1½280 1550
6人 ④ 青	(64.2)63.4 △○△○△▲▲ 56 柴田善 5.3 3537	ハービンジャー㊍ **ナンヨーアミーコ** ヒクソングラスト⑤ サンデーサイレンス 中村徳也 社台ファーム	牡6 栗毛 6~9月半休養	宗俊北0.0.0.0 4-6-5-10 ・6カ月半休養・
7人 ⑤ 黄	(58.8)60.3 △△∶△∶△△ 52 江田照 10.9 2002	ベーカバド㊍ **オルレアンローズ** デンザンローズ③ フレンチデビュティ ㈱ノルマンディ ヒカル牧場	牝6 鹿毛 ・2カ月半休養・	高木登栗0.0.0.0 4-1-1-12 過5未0½牝0½280 1350
9人 ⑥ 緑	B (62.6)61.7 ∶∶∶△◎∶ 55 柴田大 14.8 0113	⊗スズカフェニックス 牡8 **ウインフェニックス** シャインプレジャー① アグネスデジタル園申 ㈱ウイン 船越伸也	牡8 鹿毛 福島	奥平雅也0.2.0.0 4-9-5-28 過1¾牝1½
8人 ⑦ 橙	B (61.7)59.4 ∶△◎∶∶△∶△ 55 荻野極 8.9 初騎乗	⊗タイキシャトル園申 **トミケンキルカス** サウンドアメニティ⑤ キンググローリアス 富樫賢二 飯岡牧場	牡7 栗毛 中山・6カ月	大和田0.0.0.0 4-2-0-23 過2未1牝3½280 1550
4人 ⑧ 橙	関西(63.4)64.9 △▲▲△△◎△ 56 松山 7.3 0001	⊗ジャングルポケット⊕黒 **レインボーフラッグ** レインボーシーカー① タンスインザダーク⊕ ㈱グリーンファーム 社台F	牝6 鹿毛 ・2カ月半休養・	小崎栗0.0.1.0 4-7-1-16
10人 ⑨ 桃	関西(62.2)62.4 ∶∶∶∶∶∶ 54 藤田菜 39.3 2102	⊗タートルボウル⊕ **ビックリシタナモ** ノンキ① サンデーサイレンス⊕ 小田切有 中原牧場	牡5 黒鹿 小倉 連闘	音無栗0.0.0.1 4-5-2-28 過5未0牝5½ 1350
3人 ⑩ 桃	(63.2)62.9 ○△○▲▲△○ 56 武藤 4.8 初騎乗	⊗ルーラーシップ⊕ **ライラックカラー** ルルハンブルー③ ジャングルポケット⊕申 山本英俊 千代田牧場	牡4 黒鹿 中京	藤沢和北0.0.0.0 3-0-1-5 過0未0½牝2½ 1500

CASE STUDY 01

ヒント 1	ヒント 2	ヒント 3
前に行きそうなのは③⑤⑦の3頭	近走で展開に恵まれた馬、恵まれなかった馬は?	ハイレベルレースを探してみよう

4走前	3走前	2走前	前走	Memo
4京①10·6久多1000104⑥ 西芝A1219岩田康57① S36.6-33.8 ⑦⑦⑦内 カイザーバル0.3 496 5⑦1	4京⑨10·28 1000万下 134 ② 西芝A1226内田博57① S37.9-33.3 ⑦⑥⑥外 ボンセルヴィ0.6 498 5⑦3 CW 82.6 38.4 12.6⊩⊙	1阪①2·23 1000万下 14 ② 天芝A1349松 山57① S37.4-33.8 ⑤④④中 メイショウオ0.4 508 9⑦8 栗坂 52.3 38.4 12.6⊩⊙	1阪③3·2 1000万下 9 ① 西芝A1211北村友57① M35.6-34.0 ③④④内 ガゼボ 502 4⑦4 連闘中間軽目	55きれ まて 恵て 0020 2031
5京⑧11·25渡月 160014 ⑨ 西芝C1215鮫島駿55△ S36.6-33.4 ⑥⑨⑨外 カイザーバル0.5 456 8⑦7 栗坂 59.2 43.6 14.8⊩⊙	1東⑤5·2·11雲雀 160013 ⑦ 西芝D1213瀧 川52 S36.1-33.8 ②②中 キャナルスト0.6 464 13⑦10 CW 85.5 41.0 13.9⊩⊙	2小※①3·9·トリ 160014 ⑥ 西芝A1208鮫島駿52 S36.0-33.4 ⑩⑩⑩外 グランドボヌ0.4 462 4⑦4 栗坂 55.4 40.6 12.1⊩⊙	2阪⑥4·7大ハ160012 ⑤ 西芝B1207藤岡康52 H34.9-35.0 ⑨⑧⑧中 トゥザクラウ0.2 460 8⑦10 CW 86.5 40.0 12.8⊩⊙	そ同 がが 決れ は 0004 0105
4京⑨10·28 1000万下 134 ① 西芝A1220松 山57▲ S36.0-34.3 ⑪⑪⑪桑 0.6ラヴィングア 468 9⑦2 栗坂 85.8 38.8 11.8⊩⊙	3京⑦1·2石清 160014 ⑤ 西芝A1227松 山57△ M35.0-36.1 ②②中 タイムトリッ0.5 484 14⑦4 美坂 54.6 39.9 12.6⊩⊙	1東⑤5·2·11雲雀 160013 ② 西芝A1216福 永56△ S36.1-33.3 ③②中 キャナルスト0.~ 474 7⑦4 栗坂 56.2 40.8 12.9⊩⊙	2阪⑥4·7大ハ160012 ⑫ 西芝B1216松 山56△ H33.7-36.5 ③③③内 トゥザクラウ1.1 478 5⑦4 美坂 56.2 40.8 12.9⊩⊙	脆同 さも もも 0102 0132
2阪⑤7·21日刊 160016 ④ 壬芝B1087岩田康57△ M35.3-33.4 ⑫⑫中 ダノンスマッ0.3 430 6⑦5 美坂 69.6 40.5 13.4⊩⊙	4小⑥9·22セプ 160016 ③ 西芝C1077柴田善56▲ M34.1-33.6 ⑫⑫⑦内 モズスーパー0.7 432 11⑦3 美坂 55.4 40.6 13.0⊩⊙	4東④10·13白秋 160014 ④ 蕁麻疹 のため出走取消 美坂 55.4 40.6 13.0⊩⊙	蕁麻疹·放牧 仕上がり良好 初戦②着 推定馬体 中 9 週以上1023	少歓 頭迎 数し 0112 1113
5東⑪11·24牝 1000下 164 ⑥ 西芝C1209江田照55▲ M34.2-35.3 ⑪⑪⑪内 キャナルスト0.2 488 5⑦7 南W 54.1 38.8 14.0⊩⊙	4京④2·3 1000万下 144 ⑦ 西芝D1210江田照55 M33.7-35.9 ②②桑 トゥザクラウ1.4 490 6⑦8 南W 54.1 38.8 14.0⊩⊙	1東④2·16 1000万下 144 ⑦ 西芝D1212江田照55△ M34.8-34.7 ⑪⑪桑 スイーズドリ 484 8⑦4 南W 54.1 38.8 14.0⊩⊙	リフレッシュ·放牧 仕上がりマズマズ 初戦①着 推定馬体490 中 9 週以上1006	52 り キ日 ロ注 残 0004 0113
4東⑨10·28紅葉 160011 ② 天芝B1332柴田大55 S36.3-33.2 ⑥⑦⑦中 レッドオルガク0.~ 482 3⑦9 美坂 59.8 45.3 15.9⊩⊙	5中※⑫2·1市川 160013 ④ 天芝A1328柴田大57▲ M35.9-34.9 ⑧⑦⑦内 キャプテンペ0.3 486 6⑦5 美坂 54.3 39.3 12.9⊩⊙	1中※⑥1·19初富 160014 ⑨ 天芝C1492柴田大57▲ S38.1-34.6 ⑤⑤⑤中 レッドローゼ0.6 480 11⑦9 美坂 55.1 39.9 13.0⊩⊙	2中※⑧3·17幕張 160010 ⑦ 天芝A1341柴田大57 S36.8-34.7 ⑥⑥⑥内 ショウナンラ0.5 478 6⑦9 美坂 54.1 39.2 13.0⊩⊙	勢が いあ 差り 0312 1029
5東⑪11·17 1000下 174 ① 西芝C1213三浦57B S35.9-33.7 ⑪⑪内 0.4ジョイフル 510 2⑦11 美坂 57.4 39.5 12.5⊩⊙	5中※⑫2·1市川 160013 ⑤ 天芝A1328丸 山57B M35.1-35.5 ②②②内 キャプテンペ0.35 12 9⑦8 南W 86.9 41.1 13.2⊩⊙	1京④1·13新春 160016 ⑮ 天芝A1359ミナリク57B H34.4-38.0 ②②中 ヴェネト1.4 514 14⑦8 南W 86.9 41.1 13.2⊩⊙	リフレッシュ·放牧 仕上がり良好 初戦①着 推定馬体520 中 9 週以上0 1 0 1 1	昇芝 級見 後劣 0002 2104
1京⑦1·20石清 160014 ④ 西芝C1227和田竜57△ M35.9-35.5 ⑤⑤桑 タイムトリッ0.5 462 11⑦5 栗坂 53.1 39.1 12.2⊩⊙	1東⑤5·2·11雲雀 160013 ⑨ 天芝D1214内田博56B S36.6-33.5 ⑥⑥弁 キャナルスト0.7 464 11⑦8 美坂 53.9 38.4 12.1⊩⊙	2阪⑧2·17斑鳩 16007 ② 西芝B1222小崎57△ S37.3-33.5 ⑦⑦⑦外 ダイアトニッ0.2 464 4⑦6 連闘中間軽目	リフレッシュ·放牧 乗込み仕上がり順調 初戦①着 推定馬体462 中 9 週以上1102	脚処 のだ 使け 0509 1205
2京⑦2·16河原 160012 ⑩ 西ダ Mデュー56△ M36.3-36.9 ⑩⑧⑧外 サヴィ1.3 516 4⑦5 栗坂 53.5 39.4 13.2⊩⊙	1阪③3·3·播磨 160016 ⑥ 西ダ1237藤岡佑57 H36.0-35.9 ④④中 ファッショ1.05 12 15⑦11 栗坂 53.6 39.2 12.6⊩⊙	2阪④3·31鳴門 160016 ⑦ 西ダ1246松 若57 H36.4-36.3 ⑤⑥④外 ヌーディーカ0.9 506 6⑦10 栗坂 53.5 39.4 13.2⊩⊙	2東④2·4·21鎌倉 160016 ⑧ 西ダ1252藤田菜55 M37.3-36.0 ⑤⑥⑤外 フュージョン0.5 506 2⑦8 栗坂 53.5 39.4 13.2⊩⊙	鋭済 さめ 影て 0110 0208
5東③11·10三鷹 100013 ③ 西芝B1204ルメール56C H35.6-33.2 ⑦⑨中 デスティニー0.2 456 3⑦2 南W 54.7 40.4 13.1⊩⊙	5中※⑫2·1 1000万下 134 ① 天芝A1331ビュイ56C M35.9-34.3 ②③⑩外 アイスフィヨ 454 7⑦1 南P 53.7 54.3 12.6⊩⊙	1京④1·13新春 160016 ④ 天芝A1347北村宏56C H35.1-36.2 ⑥⑨⑧外 ヴェネト0.2 452 8⑦2 美坂 58.7 42.3 13.5⊩⊙	1阪④3·3武庫 160012 ⑤ 天芝A1339川 田56C S36.7-33.6 ⑥⑥⑥内 コスモイグナ0.6 456 7⑦1 南W 54.7 39.6 13.2⊩⊙	西題 もな 問く 0002 0004

©競馬ブック

晩春Sの予想手順

それでは、『穴パターン事典』に当てはまりそうな馬をピックアップしていきましょう。可能性のありそうなものは以下の4つです。

Ⓐ ナンヨーアミーコの距離延長
Ⓑ オルレアンローズの前残り
Ⓒ トミケンキルカスの前残り
Ⓓ ウインフェニックスの5走前、4走前ハイレベルレース

Ⓐから順に、『穴パターン事典』のおさらいも含めつつ、アタリをつけるコツの紹介や、深掘り～結論付けをしていきましょう。

Ⓐ ナンヨーアミーコの距離延長

距離延長のパターンでチェックすべきなのは、以下の3点。

① 追走に苦労しているかどうか
② ペースが遅い時に好走しているかどうか（1200～1600m限定）
③ 最後の1Fで馬が伸びているかどうか

ナンヨーアミーコの場合、追走は苦労するタイプでないので①は対象外。②は遅いペースでも実績はあるので問題なし。ただし、③は微妙。この馬は最後の1Fで伸びる馬ではなく、4角での動き出しの箇所が早いタイプ。これらの観点から、この馬にとって距離延長はそこまでプラスにならないと判断することが可能です。

 ナンヨーアミーコは最後の1Fで伸びる馬ではなく、距離延長はそこまでプラスにならなそう。

CASE STUDY 01

穴馬 Ⓑオルレアンローズ／Ⓒトミケンキルカスの前残り

前残りを狙う際に大事なポイントは、以下の3点。

①前残りを狙う馬が実力的に足りるかどうか
②逃げは相対的評価なので、かならず相手関係を確認
③差し有利の馬場で粘って好走した経験があるかどうか

まずは①です。オルレアンローズは2走前にハイペース（前半3F33.7）をトゥザクラウンに潰されたレースが優秀ゆえに、前走の1000万下ではこの馬の楽逃げを狙うことが可能でした。結果的に4番人気1着と好走しましたが、このレースは上がりの幅が小さいレース（穴パターン18）になりました。

2019年2月16日　東京12R
4歳以上1000万下　芝1400m良

着	馬名	位置取り	上がり	人気
1	⑧オルレアンローズ	1-1	34.7	4
2	⑬スイーズドリームス	6-7	34.1	6
3	②チャレアーダ	6-4	34.3	1
4	⑭ウィンドライジズ	6-7	34.2	2
5	⑥ラストプリマドンナ	10-9	34.2	3
6	④ツヅク	9-9	34.3	8
7	①プッシュアゲン	2-2	34.9	12
8	⑦エクラミネール	10-9	34.5	11
9	③ブレッシングテレサ	13-13	34.1	5
10	⑤モリトユウブ	10-12	34.3	7
11	⑨ファド	5-4	34.9	9
12	⑫ロードライト	4-4	35.4	13
13	⑩ミエノドリーマー	2-2	35.7	10
14	⑪ディーズエフォート	14-14	34.4	14

上がりの幅が小さいレースは、位置取りの差で決まったことの証。つまり、オルレアンローズの前走は恵まれての逃げ切りだった。

つまり、オルレアンローズは楽に逃げ切れたからこそ1000万下を勝てたわけで、1600万下でも通用するという下地を戦績から見つけることができません。相対的な評価として、相手関係にも恵まれていなかったため、この馬を狙うことは様々な要因により避けるべきだったのですが、それはこの後の②でお話しします。

続いて②を見ていきましょう。このレースにはオルレアンローズの他に、ボンセルヴィーソとトミケンキルカスという2頭の先行馬がいました。

ボンセルヴィーソはすでにこのクラスで2着と好走歴のある馬で、今回も2番人気に推されている馬。トミケンキルカスもテンが速い馬なので、かならず先行争いに加わってくる馬。レースが順調に運び、無事前残りレースになったとして、オルレアンローズの前残りを狙うとなると、当然この2頭も残る可能性が高いでしょう。

　その時、馬券内の3つの席をこの3頭で争うことになりますが、安易にオルレアンローズを狙って良いのでしょうか? もちろん、3頭の前残りで決まることもあるでしょうが、そうだとしても、最も期待値の高い馬を本命にすべきでしょう。

　人気のボンセルヴィーソはさておき、オルレアンローズ (7番人気) よりも人気のないトミケンキルカス (8番人気) との優劣をしっかり把握しなければいけません。先に挙げた通り、オルレアンローズは1000万下を恵まれて勝っただけであり、1600万下で通用するという確証がありませんでした。

　それに対し、トミケンキルカスはというと、晩春Sの前2走が差し有利のレースになりました。とくに2走前の市川Sについては、差し有利な馬場ながら5着と、このクラスに目処を立てました (③をクリア)。この時点でオルレアンローズよりも優位に立ったと言っても過言ではないでしょう。

2018年12月2日　中山10R
市川S　芝1600m良

着	馬名	タイム	位置取り	人気
1	⑪キャプテンペリー	1.32.5	11-10-10	7
2	⑤アンブロジオ	1.32.5	5-5-6	2
3	③チャンピオンルパン	1.32.7	9-10-10	10
4	⑥ウインフェニックス	1.32.8	9-7-5	5
5	⑧エスターテ	1.32.8	7-7-6	9
5	⑨トミケンキルカス	1.32.8	2-2-2	8
7	①ショウナンライズ	1.33.0	1-1-1	3
8	⑬ヴェネト	1.33.1	5-5-6	6
9	⑫インビジブルレイズ	1.33.2	8-9-6	4
10	④マイネルメリエンダ	1.33.3	3-3-3	12
11	⑩シャルルマーニュ	1.33.3	3-3-3	1
12	⑦ウエスタンメルシー	1.33.8	11-12-12	13
13	②ライブリシュネル	1.34.5	13-13-13	11

トミケンキルカスは、差し有利な馬場ながら5着と、このクラスに目処を立てていた。

　さらに確証を求めるために、3走前の1000万下を勝ち上がったレースで負かした相手の次走の成績を見てみましょう。この時の2、3、7着がすぐに1000万下を勝ち上がっていたり、勝ち上がるまでは行かずとも前走から2つ、3つ着順を上げている馬が多数いました。このことから、1000万下を楽に勝ったオルレアンローズよりも、強い相手ながら1000万下を勝ち上がり、1600万下でも展開が向かないなかで好走したトミケンキルカスのほうが人気しないとなれば、どちらを狙うかは明白なはずです。

CASE STUDY 01

2018年11月17日 東京12R　出走馬の次走成績

着	馬名	日付	次走レース	コース	着順
1	②トミケンキルカス	2018.12.2	市川S1600	中山芝1600	5
2	①ジョイフル	2018.12.15	1000万下	阪神芝1400	1
3	⑦レジーナドーロ	2018.12.28	ベストWC1000	中山芝1600	1
4	⑭ウィンドライジズ	2019.2.3	1000万下	東京芝1400	4
5	⑯ビーカーリー	2018.12.9	500万下	中京芝1600	2
6	⑤サンクロワ	2018.12.1	1000万下	中山芝1600	5
7	⑫コパノディール	2018.12.2	鳥羽特別1000	中京芝1400	4
8	⑪オールザゴー	2018.12.23	クリスマス1000	阪神芝1600	2
9	④リュウノユキナ	2019.2.3	1000万下	東京ダ1300	1
10	⑨キラーコンテンツ	2019.2.10	1000万下	京都芝1400外	4
11	⑬プッシュアゲン	2018.12.28	ヤングJSF1000	中山ダ1800	9
12	⑥ジスモンダ	2019.2.10	500万下	小倉芝1200	17
13	⑧ルリハリ	2019.3.17	豊橋特別500	中京芝1200	18
14	⑰ドウディ	2018.12.1	1000万下	中山芝1600	7
15	③ジュンザワールド				
16	⑮ヴァッフシュテルケ				
17	⑩ユッセ				

トミケンキルカスの3走前のメンバー見ると、3頭が次走で勝ち上がり、多くの馬が着順を上げていた。

> **JUDGE** オルレアンローズの前走は楽逃げでの好走で、1600万下で通用するという確証がない。一方、トミケンキルカスは差し有利の市川Sで5着に粘っており、確証がある。

 Ⓓウインフェニックスの5走前、4走前ハイレベルレース

　レベルが高いレースに出走していた馬を狙うというシンプルな考え方がハイレベルレースの基本です。ハイレベルレースの考え方については『穴パターン事典』で記載した通り、次走勝ち上がり率を見るのが基本ですが、そこから派生して下位に敗れた馬がその次走以降で巻き返して馬券になっていないかを確認するなど、様々な見極め方があります。

　ただし、ハイレベルレース出走馬を全て次走でやみくもに買うかというとそうではありません。例えば平坦コースのハイレベル戦で好走した馬がいたとした場合、次走が同じく平坦コースであれば狙うことになるでしょうが、次走が急坂コースで当該馬が坂を苦手としている馬だとすると、好走できない可能性が十二分にあります。当然の話ですが、ハイレベルレースに出走していたとしても好走できないパターンはいくつもあります。

　敗因が明確な場合は次にまた平坦コースで買えば良いのですが、状態面などなかなか探り

にくい敗因もあります。なので、ハイレベルレース好走馬へのアプローチとしては、敗因がはっきりしているところは度外視して、その後は当然買い。反対に敗因がわからなかったとしても、以降で人気を落としていたら買いで問題ありません。

少なくとも『穴パターン事典』で紹介しているパターンをもってしても敗因が分からない場合は、自分の思慮の及ばない、あるいは誰にもその成否の判断がつかない難儀な要因だったり、はたまたメンタル面だったり、状態面といった内的要因である可能性が高いと言えます。事実が何であれ、競馬は他の購入者との馬券の取り合いなのですから、敗因が分からなかったとしても、ハイレベルレースで好走した実績があり、かつその馬の人気がない場合は買いで良いのです。

反対に、ハイレベルレースで好走していて、その後敗れている。ただ、なぜ敗れているかが明確になっていないにも関わらず、その次走も人気しているようならば消しです。なぜならば、不安点を抱える人気馬を買うなんてハイリスク・ローリターンだからです。

話がだいぶそれましたが、ウインフェニックスの話に戻します。

5走前のロードカナロアM（3着）の際に先着された2頭はいずれもリステッド競走で好走。負かした4着ドーヴァーもリステッド競走を勝ち上がっています。1、2、4着馬がリ

ウインフェニックスと比較対象馬の成績

ロードカナロアMでウインフェニックスと僅差だったメンバーは、その後リステッド競走で連対し、紅葉Sで僅差だったレッドオルガも2走後に東京新聞杯で2着に好走していた。

CASE STUDY 01

ステッド競走で好走しているのですから、3着のウインフェニックスもリステッド競走で好走できる可能性があることがわかります。ましてや1600万下なら余計に好走できる可能性があることがわかります。

また、その次走の紅葉Sではこの後に東京新聞杯で2着と重賞で好走したレッドオルガとタイム差なしの2着に好走。この時点で1600万下では間違いなく通用することがわかります。ただし、何かをきっかけに3戦連続で敗戦したことで人気は急落。色々と敗因はあり、この後解説しますが、それ以前に極論を言えば強い競馬していたにも関わらず、人気を落としている場合は買いでも良いレベルです。

ただし、あくまで極論であり、あまりに乱暴なのでウインフェニックスをさらに分析してみましょう。

ウインフェニックスはこのレースでブリンカーを装着してきましたが、ブリンカーの効果はもともと競馬をやめてしまうタイプや、距離短縮や条件変更（芝ダ）、はたまた滞在競馬（札幌・函館での滞在）で好走歴のある馬、つまり走る気にムラがあるタイプの馬の集中力を引き上げる時に効果的です。ウインフェニックスはいずれの経験もある馬で、それを加味すると、9着だった2走前は度外視可能。そして、得てしてこういう集中力がもたないタイプは休み明けを走らない馬が多く、叩き良化型であるため、前走についても度外視可能。その2走に目を瞑れば、昨年強い競馬をして以来4着が残るのみで、距離短縮＋ブリンカー＋叩き2走目と不真面目な馬が真面目に走るには最適な条件が揃っていたわけです。

 ウインフェニックスの5走前、4走前は明らかなハイレベルレースで、人気を落としていた今回は買い。

2019年4月28日　東京10R　晩春S　芝1400m良

着	馬名	性齢	斤量	騎手	タイム	位置取り	上がり	人気
1	①①ラヴィングアンサー	牡5	55	田辺裕信	1.19.5	6-6	32.7	1
2	⑥⑥ウインフェニックス	牡8	55	柴田大知	1.19.8	4-4	33.4	9
3	⑦⑦トミケンキルカス	牡7	55	荻野極	1.19.8	2-2	34.4	8
4	⑦⑧レインボーフラッグ	牡6	56	松山弘平	1.20.0	7-7	32.9	4
5	⑧⑩ライラックカラー	牡4	56	武藤雅	1.20.2	9-9	32.8	3
6	③③ボンセルヴィーソ	牡5	56	石橋脩	1.20.2	3-3	33.9	2
7	②②デスティニーソング	牝5	52	藤岡康太	1.20.5	7-7	33.4	5
8	④④ナンヨーアミーコ	牡6	56	柴田善臣	1.20.9	5-4	34.5	6
9	⑧⑨ビックリシタナモー	牡5	54	藤田菜七子	1.21.3	10-10	33.5	10
10	⑤⑤オルレアンローズ	牝6	52	江田照男	1.21.5	1-1	36.3	7

単勝410円　複勝190円 610円 550円　枠連6,930円　馬連7,350円
ワイド2,180円 1,260円 3,850円　馬単10,690円　三連複35,760円　三連単183,300円

CASE STUDY 02

2019年6月30日 中京2R
3歳未勝利

芝1600m重

穴パターンに当てはまりそうな馬をピックアップしましょう。※穴馬の定義は便宜上5番人気以下とします。

3走前

枠	馬	馬名
13人	1①	ナムラチヨガミ
12人	白②	パーフェクトレース
3人	2③	クロランサス
9人	黒④	コンボルブルス
14人	3⑤	ブルベアロッソ
11人	赤⑥	カトルジュール
5人	4⑦	マジェスティ
1人	青⑧	レティキュール
4人	5⑨	マーニ
10人	黄⑩	シゲルブルーダイヤ
7人	6⑪	カークソング
6人	緑⑫	ディープカミーノ
16人	7⑬	ジューンワルツ
2人	橙⑭	ピノクル
8人	8⑮	アルディテッツァ
15人	桃⑯	フューラー

CASE STUDY 02

ヒント1 未勝利戦の休み明けは何を見るべき?

ヒント2 新聞にギリギリ載っていない過去走にヒントが!!

ヒント3 急坂コース&道悪馬場

2走前	前走		Memo
1阪⑧3・17 未勝利16ト8 天芝A1383川 須54 S36.7-35.8 ③④⑦中 エピローグ1.4 430 8ト14人	3京⑥5・5 牝 未勝16ト9 天芝C1358川 須54 M36.9-34.7 ⑬⑫⑪外 アンジュミニ0.9 410 11ト12人	メドが立たず 0002	
2阪③3・30 牝 未勝16ト12 天芝B1516横山武53 S37.8-34.6 ⑧⑦⑩芙 セラビア1.7 444 1ト13人	リフレッシュ・放牧 仕上がりマズマズ 初戦⑨着 推定馬体444 中9週以上0000	叩いてまずはて 0000	
2阪⑥4・7 未勝利18ト9 天芝B1484福 永54 M36.0-35.9 ④⑤⑤内 フランクリン0.7 400 8ト1人	リフレッシュ・放牧 水準の仕上がり 初戦②着 推定馬体400 中9週以上0000	雨は心配予報 0100	
2阪④3・31 未勝利18ト9 天芝B1374酒井学56△ S37.9-35.2 ⑮④⑬中 クロウエア1.8 418 2ト8人	3阪③6・8 未勝利18ト4 天芝A1363城 戸56 H36.6-35.9 ④⑪⑪外 サトノファク0.3 430 12ト11人	差はしてくる 0102	
2阪③3・30 未勝利13ト10 天ダ1574酒井学54 S39.8-39.2 ⑫⑫⑩外 ダンツキャ3.1 440 11ト9人	リフレッシュ・放牧 仕上がりマズマズ 初戦⑧着 推定馬体434 中9週以上0001	狙いたが 0004	
1阪⑤3・9 未勝利13ト9 三芝A2164浜 中56 M35.4-38.1 ⑫⑫③芙 ヒーリングマ2.4 456 6ト10人	1新②4・29 未勝利12ト6 天芝B1497浜 中56△ S36.5-34.5 ③③④内 エクセランフ1.0 452 3ト8人	終いなく頼く 0001	
1阪⑧3・17 未勝利16ト4 天芝A1374福 永56❶ S37.4-34.9 ⑧⑩⑦外 エピローグ0.5 412 9ト3人	1新❶4・21 未勝利16ト4 天芝B1371斎 藤53❶ H36.5-35.5 ⑧⑧⑩内 スコッチレ0.5 414 3ト3人	今週き良動 0002	
2京⑧2・17 未勝利14ト7 天芝B2037北村友54❶ M36.5-37.3 ②②②内 レッドジェニ1.6 420 9ト1人	馬体調整・放牧 仕上がり上々 初戦②着 推定馬体430 中9週以上0001	良馬場も理想 0000	
3京⑦5・11 未勝利17ト3 天芝D1343藤岡佑56△ H35.7-35.0 ⑧⑨⑧外 ディープサド0.1 444 16ト6人	3阪③6・8 未勝利18ト5 天芝A1363藤岡佑56▲ H36.1-36.5 ⑧⑥⑤中 サトノファク0.3 434 17ト4人	確が実出性 0011	
4京⑦10・21 新 馬13ト13 天芝A1507戸 崎55 M37.6-36.9 ⑬⑬③内 ワールドプレ2.7 474 13ト11人	膝骨折・放牧 仕上がりマズマズ 初戦⑬着 推定馬体480 中9週以上0000	休養長期く間 0000	
1阪②2・24 牝 未勝15ト14 天ダ1599武 豊54△ S39.2-41.8 ⑨⑨⑩⑩芙 テオレーマ5.1 442 3ト6人	3阪❶6・1 牝 未勝18ト4 天芝A1363岩田望51 S36.1-35.3 ②②①内 プリモプレミ0.2 448 10ト3人	芝で一変内容 0001	
1東②1・27 新 馬16ト9 天ダ1417柴田大56 H35.9-40.2 ③③④内 カフェクラウ2.4 468 11ト9人	リフレッシュ・放牧 仕上がり良好 初戦⑨着 推定馬体468 中9週以上0000	立て良直化し 0000	
2阪⑧4・14 未勝利18ト12 天芝B1370高 倉54 M37.7-34.7 ⑭④⑫芙 ミッキーバデ1.1 454 3ト17人	3京②4・21 未勝利13ト12 天芝C1507高 倉54 M35.7-38.3 ④⑤⑧芙 ヴィント4.0 450 11ト13人	二着続順桁 0003	
3京①5・25 未勝利18ト5 天芝D1341西村淳54△ M35.6-34.7 ⑪⑦⑦芙 ミッドサマー0.6 474 13ト7人	3阪③6・8 未勝利18ト3 天芝A1362西村淳54❶ H36.8-35.6 ⑫③⑭芙 サトノファク0.2 434 17ト2人	終いはに確実 0024	
2阪⑤4・6 未勝利16ト14 天ダ1589坂井瑠55△ H38.2-42.9⑤⑤⑨外 ケイアイパー3.6 504 1ト1人	リフレッシュ・放牧 乗り込み十分 初戦⑤着 推定馬体504 中9週以上0001	芝がの方い 0002	
2阪⑥4・7 未勝利16ト16 天ダ1585北村友54 M40.1-40.0⑮⑯⑯⑯中 オメガ3.1 434 9ト13人	リフレッシュ・放牧 乗り込み入念 初戦⑦着 推定馬体434 中9週以上0000	使って思案の 0000	

©競馬ブック

6/30 中京2Rの予想手順

　このレースのポイントは「道悪」「多頭数」「前後フラットな馬場」「急坂コース」です。それらを踏まえたうえで、穴パターンの候補は以上の3つです。

Ⓐコンボルブルスの道悪差し
Ⓑカークソングの逃げ粘り
Ⓒアルディテッツァの急坂変わり

　Aから順に、『穴パターン事典』のおさらいも含めつつ、アタリをつけるコツの紹介や、深掘り〜結論付けをしていきましょう。

 Ⓐコンボルブルスの道悪差し

　馬柱を見た時に、非常に汚い馬柱ではあるものの、2着、4着とハマったときの一発がある馬だということは容易に想像がつくかと思います。そこで、この2着、4着時の条件を紐解くと、パッと目につくところで「阪神コース（急坂コース）」「道悪馬場」「芝マイル」という点が鍵になりそうだということがわかります。

　かなりわかりやすい馬柱をしており、急坂巧者・道悪巧者である可能性が高そうだと当たりをつけることが可能です。ただし、そのように仮定した場合に、3月31日に実施された未勝利戦（阪神芝1600m・稍重）で大敗を喫している点が説明できなくなります。

　このように手詰まりになったときは、一度レース映像を見るなりしてみると問題解決の手がかりが得られることが多いです。実際にこの馬は4角で大きく外へ膨れて競馬に参加できていませんでした。当然能力面ではなく、メンタルや体調面での影響が大きいということがわかりますが、実はこれも馬柱にヒントが隠されています。

　コンボルブルスはデビュー時442kgと、牡馬にしては馬格がない馬です。であるにも関わらず、デビューからひと月に一度レースに出走させられ、使うたびに-10kg、-6kg、-8kgと体重を減らしていました。最終的に3月31日のレースでは418kg（デビュー時から-24kg）での出走となり、かなり負担が大きかったと考えられます。

　それを裏付けるように、このレースの後放牧され、+12kgで出走してきた休み明け初戦で11番人気4着と好走をしてきたわけです。この+12kgは太め残りではなく、減った馬体を戻してきたプラス体重ですから（穴パターン24）ネガティブ要素ではなく、むしろポジティブ要素であったことがわかります。

　上記の考察が終われば、この馬は急坂コース・道悪条件で買えば良いということがわか

CASE STUDY 02

コンボルブルスの戦績

日付	レース名	コース	頭数	枠番	馬番	タイム	着差	位置取り		上り3F(順位)	人気	着順
2018.11.17	2歳新馬	京都ダ1200良	16	7	14	1.14.7	2.4	10	9	38.4(11)	10	10
2018.12.23	2歳未勝利	阪神芝1600稍	16	3	5	1.36.7	0.2	7	10	35.4(2)	15	2
2019.1.12	3歳未勝利	京都芝1800良	16	1	1	1.51.2	0.8	14	12	36.2(6)	3	9
2019.2.23	3歳未勝利	小倉芝1200良	18	6	12	1.10.5	0.8	12	11	35.4(2)	7	7
2019.3.31	3歳未勝利	阪神芝1600稍	18	1	2	1.37.4	1.8	14	13	35.2(5)	8	9
2019.6.8	3歳未勝利	阪神芝1600稍	18	6	12	1.36.3	0.3	11	11	35.9(3)	11	4

ります。今回出走の左回りは未経験でしたが、未知の条件は人気馬なら消し・人気薄なら買い（『穴パターン事典』予想アプローチ5）なので、当日9番人気だったこの馬は買いで良いということになります。

　とはいえ、考察が正しかったとしても必ず結果を残すことができるわけではありません。
　スローペースになったことで、上がりの幅が小さいレース（穴パターン18）になり、結果的に着順は道中での位置取りのままとなってしまいました。さらに、直線では窮屈になり、7着だったブルベアロッソが行くのを一旦待ってから外に出すというスムーズさを欠いた競馬でもありました。今回は凡走でしたが、負けて強しの競馬なので次走に向けてまたこの馬を穴馬としてストックすることができます……と通常なら言いたいところなんですが、時期が時期でありスーパー未勝利も廃止になったことで急坂コースに出走できるチャンスがもうないですね。残念です。
　余談になりますが、「坂コースじゃないといけないのか？」という点については、血統的観点からおおよその目星をつけることができます。
　芝の急坂コース・道悪という条件では、ダート系種牡馬が活躍する傾向があります。本来、速い脚や切れ味を求められる芝番組ですが、急坂・道悪の条件になると、一転してパワーが求められます。そこにダート種牡馬の付け入る隙があり、そのためコンボルブルス（父シビルウォー）も道悪・急坂コースで結果を残せていると言えるでしょう。これらの条件が発生しやすい6月の梅雨時期の阪神競馬場では、よくダート系種牡馬の馬や、ダートから芝へ転向してきた馬が大穴をあけたりしていますね。血統はロジカルに掘り下げられないので深追い禁物ですし、急坂コース・道悪という条件でダート系種牡馬をベタ買いすれば回収率が100%を超えるわけではないので、あくまで参考程度に記しておきます。

> **JUDGE** **コンボルブルスは急坂巧者・道悪巧者で今回は好条件。左回りは未経験だが、人気薄なら買い。**

Ⓑカークソングの逃げ粘り

　初戦はダートを使いましたが、追走ままならずで大敗。次走で芝へ転向して13番人気4着と一気の変わり身を見せてきて、いかにも買いたくなるようなシチュエーションでした。

カークソングの戦績

日付	レース名	コース	頭数	枠番	馬番	タイム	着差	位置取り	上り3F(順位)	人気	着順
2019.2.24	3歳未勝利・牝	阪神ダ1800良	15	2	3	1.59.9	5.1	9 9 10 13	41.8(14)	6	14
2019.6.1	3歳未勝利・牝	阪神芝1600良	18	5	10	1.36.3	0.2	2 1	35.3(11)	13	4

　逃げ・先行（2・3番手）で好走してきた馬については、まずはその逃げが①恵まれた逃げだったのか、②厳しい展開での逃げだったのかを明確にする必要があります。

　大前提として、競馬は前に行った馬が物理的に有利になります。そのため、①恵まれた逃げで好走してきた馬については、好走した結果を受けてより人気することを考えると、いくら逃げ・先行が圧倒的に有利とはいえ、また恵まれるだろうと盲信してしまうのは非効率です。そのため、やはりポイントにしたいのは、イレギュラーである②厳しい展開での逃げでしょう。このパターンは、簡単に巻き返しを狙うことができるからです（穴パターン19参照）。

2019年6月1日　阪神4R　3歳未勝利　芝1600m良

着	馬名	性齢	斤量	騎手	タイム	位置取り	上がり	人気
1	8⑱プリモプレミオ	牝3	54	武豊	1.36.1	6-5	34.7	6
2	7⑮トラピッチェ	牝3	54	藤岡佑介	1.36.1	7-7	34.5	3
3	6⑫マハーラーニー	牝3	54	レーン	1.36.3	13-13	34.3	1
4	5⑩カークソング	牝3	51	岩田望来	1.36.3	2-1	35.3	13
5	8⑰レッドルーヴル	牝3	53	坂井瑠星	1.36.5	15-15	34.2	4
6	6⑪ベストクィーン	牝3	54	和田竜二	1.36.5	10-10	34.7	5
7	5⑨クインオブザシーズ	牝3	54	岩田康誠	1.36.6	7-7	34.9	8

※8着以下は省略

　ということで、カークソングの前走は恵まれた逃げだったのか、厳しい逃げだったのかを確認すると、ご覧の通り厳しい逃げだったことがわかります。さらに深掘りをするとラップ分析やコース分析まで必要になりますが、再現性の高さをコストパフォーマンスで考えた場合、これだけで「次走買い」と判断しても問題ありません。

CASE STUDY 02

ただし、私がこの馬を本命にしなかった理由は3つ。

▶▶ 前走がスローペースであったこと
▶▶ 前走の阪神の馬場はイン有利
▶▶ 今回のレース時、中京コースは前残りも差しもあるフラットな馬場だったこと

　ラップについてはここでは書ききれませんが、スローペース（1000m通過61.0）であることは容易にわかるでしょう。一概には言えませんが、このペースなら通常前残りになります。それでも差しが決まったということは、先行した馬たちがよほど弱い馬だったか、もしくは馬場に何かバイアスがあった可能性が高いはずです。
　まず先行した馬たちをチェックすると、このレースでは5番手以内につけた馬はカークソングの13番人気を筆頭に、9、11、12、16番人気と単純に弱かった可能性が十分に考えられそうなメンバーでした。
　また、バイアスをチェックすると、インが潰れていなかったことがわかります。この日に開催された他の芝レースの結果を見てみると、逃げた馬に関してはことごとく好走していました。

2019年6月1日
阪神芝の他レースで逃げた馬の結果一覧

距離	馬名	人気着順
芝2600	ララフォーナ	10人気2着
芝1200	パールズベスト	7人気3着
芝1800	タガノアスワド	3人気7着
芝2000	ブラックスピネル	5人気2着
芝1600	カークソング	13人気4着

　この結果を見ると、レース単位では厳しい展開の中で逃げて結果を残したように見えたカークソングは、実は恵まれていた可能性さえあったのです。当日の中京競馬場も逃げ有利なわけではなく、ペース次第で結果が変わるフラットな馬場でもあったため、この馬を強く推すことはできないという判断を下しました。

> **JUDGE** カークソングの前走は前潰れの差し決着に見えるが、
> 実はスローペースで前有利だったため強くは推せない。

アルディテッツァの急坂変わり

　有力2歳馬が10月、11月にデビューすることが多いので、未勝利戦も大抵10月、11月が最もハイレベルになります。そのため、アルディテッツァのデビュー戦、2戦目の5着は非常に価値の高いものである可能性があります。

アルディテッツァの戦績

日付	レース名	コース	頭数	枠番	馬番	タイム	着差	位置取り	上り3F(順位)	人気	着順
2018.10.28	2歳新馬	京都芝1600良	15	6	11	1.36.9	1.0	6 5	36.0(7)	2	5
2018.11.24	2歳未勝利	京都芝1600良	12	7	9	1.35.8	0.5	8 8	34.7(2)	3	5
2019.2.23	3歳未勝利	小倉芝2000良	18	7	15	2.02.3	1.4	14 14 12 10	36.3(2)	4	8
2019.4.6	3歳未勝利	阪神ダ1800良	16	1	1	1.58.9	3.6	5 5 5 9	42.9(14)	3	14

　そこで未勝利戦の休み明けはレースレベルを振り返るだけで簡単に穴馬が見つかる（穴パターン23）という考え方を元に、これらのレースに出走していた馬のその後の成績を確認すると、11月24日の2歳未勝利戦が非常にハイレベルであったことがわかります。

2018年11月24日　京都3R　2歳未勝利　芝1600m良

着順	馬名	その後の成績
1着	ロードグラディオ	2019年2月9日　こぶし賞(500万)1着
2着	スギノヴォルケーノ	2019年6月16日　未勝利1着
3着	シトラスノート	2019年6月22日　500万3着
4着	トウカイオラージュ	2019年3月9日　未勝利1着
5着	アルディテッツァ	?

　先着された4頭が全頭勝ち上がり済みなうえ、1着馬は500万下も勝ち上がり、3着馬も500万下3着の実績があるのですから、この馬も未勝利はゆうに突破できるレベルにあると判断することはたやすいでしょう。
　ただし、アルディテッツァはこの後、小倉芝2000mと阪神ダ1800mを使われて凡走しています。芝で強い競馬をしているので、ダートでの敗戦で人気の盲点になるなら美味しく、ダートはそもそも気にする必要がありません（穴パターン12）。小倉での敗戦さえ明確に理由が見つかれば、より自信を持って狙うことができるわけですが、そもそも上がりはメンバー中上位の脚を使っているので、前有利の馬場で差し損ねたという判断を下す

CASE STUDY 02

ことができますし、休養明け+16kgというところからも太め残りであったことは容易に想像することができるでしょう。

　となると、今回のレースは超ハイレベルの未勝利戦以来、ようやくまともに出走することができたと言え、私はこの馬を本命にしました。

　初左回り・初急坂コースという点は、未知の適性は人気馬なら消し・人気薄なら買い（穴パターン事典・予想アプローチ5）なので、人気がなければ穴馬として指定しても問題ないのです。より深掘りをすると、この馬の半兄には、今回と同じ中京芝1600mで行われる中京記念を連覇したフラガラッハ、生涯5勝のうち中京コース3勝のエスティタート（残り2勝のうちもう1つも日本屈指の急坂巧拙が問われる阪神芝1400mでした）がいます。そのため、アルディテッツァも急坂コース／左回りは問題ないどころかプラス条件ではないかと仮定することができました。ただし、この辺りはロジカルに分析できるものではなく再現性も低いので、あくまで参考程度です。

> **JUDGE** アルディテッツァの3走前はハイレベルだったが、
> 太め残り敗退→ダート敗退→休み明けによって
> 人気を落としていたため、絶好の狙い目となった。

2019年6月30日　中京2R　3歳未勝利　芝1600m重

着	馬名	性齢	斤量	騎手	タイム	位置取り	上がり	人気
1	4 ⑧ レティキュール	牝3	54	川田将雅	1.36.0	2-2-2	34.8	1
2	5 ⑨ マーニ	牡3	56	和田竜二	1.36.0	6-7-5	34.6	4
3	8 ⑮ アルディテッツァ	牡3	56	藤井勘一郎	1.36.1	2-3-2	34.9	8
4	7 ⑭ ピノクル	牡3	54	西村淳也	1.36.2	9-8-8	34.6	2
5	2 ③ クロランサス	牝3	54	福永祐一	1.36.4	4-5-5	35.0	3
6	1 ① ナムラチヨガミ	牝3	51	服部寿希	1.36.6	3-10-10	34.8	13
7	3 ⑤ ブルベアロッソ	牝3	54	酒井学	1.36.6	8-8-8	34.9	14
8	2 ④ コンボルブルス	牡3	56	城戸義政	1.36.7	9-10-13	34.8	9
9	6 ⑫ ディープカミーノ	牡3	56	藤岡康太	1.36.8	1-1-1	35.8	6
10	4 ⑦ マジェスティ	牡3	53	斎藤新	1.36.9	14-14-14	34.8	5
11	6 ⑪ カークソング	牝3	51	岩田望来	1.36.9	16-16-16	34.6	7
12	1 ② パーフェクトレース	牝3	53	川又賢治	1.37.1	4-3-4	35.8	12
13	8 ⑯ フュラー	牝3	54	松若風馬	1.37.3	6-5-5	35.9	15
14	7 ⑬ ジューンワルツ	牝3	54	高倉稜	1.37.5	9-13-10	35.7	16
15	3 ⑥ カトルジュール	牡3	56	浜中俊	1.37.8	9-10-10	36.0	11
16	5 ⑩ シゲルブルーダイヤ	牡3	56	鮫島克駿	1.37.9	14-14-14	35.8	10

単勝320円　複勝160円 280円 550円　枠連1,230円　馬連2,350円
ワイド860円 1,680円 2,250円　馬単3,770円　三連複12,660円　三連単61,210円

CASE STUDY 03

2019年6月29日 福島10R
郡山特別

ダ1150m稍重

穴パターンに当てはまりそうな馬をピックアップしましょう。※穴馬の定義は便宜上5番人気以下とします。

5走前

人気	馬番	騎手	馬名
12人	1	田辺	㊙テキスタイルアート
5人	2	鮫島駿	㊙アサケパワー
10人	3	吉田豊	タマモサザンクロス
11人	4	野中	タイセイシュラーク
7人	5	三浦	スナークライデン
除外	6	蛯名	トブガゴトク
6人	7	柴田大	メイショウキタグニ
4人	8	江田照	エンゲージリング
8人	9	内田博	㊙シャワーブーケ
9人	10	津村	コロニアルスタイル
2人	11	石橋脩	スマートアルタイル
1人	12	戸崎	レッドアネラ
14人	13	木幡巧	グラスレオ
3人	14	丸山	フォーティプリンス
15人	15	武士沢	アルマュディト
13人	16	田中勝	メイショウアテン

CASE STUDY 03

ヒント1 コース替わりを意識しよう

ヒント2 ダート短距離は4グループに分類できる

ヒント3 次ページの「ラスト4Fの加減速」を見てもOK

郡山特別の予想手順

前ページの馬柱から穴パターンに該当しそうな馬は、以下の4頭です。

Ⓐタマモサザンクロスのコース替わり
Ⓑスナークライデンのコース替わり
Ⓒメイショウキタグニのコース替わり
Ⓓシャワーブーケのコース替わり

このあと各馬の考察で頻出するので、まずはダート短距離の特徴を整理します。
ダート短距離はラップの観点から主に4種類のグループに分類することができます。
下の図は各競馬場1200m以下のダートレースにおける、ラスト4F（800m）の各区間での加減速をまとめた表です。

ダート短距離　ラスト4Fの加減速 (※マイナスは加速を表す)

	コース	4F-3F	3F-2F	2F-1F
グループ①	京都ダ1200	0.31	0.16	0.48
	阪神ダ1200	0.26	0.13	0.65
グループ②	中山ダ1200	0.69	0.16	0.67
	札幌ダ1200	0.56	0.18	0.74
グループ③	中京ダ1200	0.67	-0.35	0.70
	新潟ダ1200	0.89	-0.32	0.69
グループ④	福島ダ1150	0.80	0.31	0.47
	小倉ダ1000	0.88	0.44	0.65
	函館ダ1000	0.87	0.35	0.42

例) 京都ダート1200mの場合、コース平均ラップが、下記のようになります。

12.51－11.20－11.76－12.07－12.23－12.71

このラップにおいて各区間の加減速は下記の要領で算出しています。

4F－3Fラップ：12.07－11.76＝0.31
3F－2Fラップ：12.23－12.07＝0.16
2F－1Fラップ：12.71－12.23＝0.48

各区間の差が大きいほど、ハロンごとの減速が大きい(スピード<スタミナ適性)ことを示しています。

【グループ①】
減速幅が小さく、バテるかどうかということよりも、スピードを維持して回ってこれるかという点が重視されるグループ。4F-3F地点／3F-2F地点での減速の小ささが特徴です。

【グループ②】
他のグループと比較すると特徴が少ないグループ。オーソドックスなダート短距離で必要とされる適性を表しており、中山ダ1200mの試行回数が多いので、基準のグループとして機能する。

【グループ③】
4F-3F地点での減速が大きいにも関わらず、3F-2F地点では加速するラップを刻むグループ。スパイラルカーブが要因。

【グループ④】
4F-3F地点で全コース中TOPの大きな減速。にも関わらず、3F-2F地点もTOPの減速。つまり、残り800m地点から継続して大きな減速が続くので、スタミナが必要とされる。

【各グループに向く馬】
①全体的に減速が小さく、スピードを生かせる馬
②スピードとスタミナをバランスよく生かせる馬
③減速→加速→減速とギアの上げ下げを得意とする馬
④減速が大きく、最後までバテずに走り抜くことを得意とする馬

これらのグループ分けをすることで、レース比較の判断基準ができるため、勝ち馬の適性を測る上で非常に便利になります。
たとえば、グループ①とグループ④で好走する馬が同じであるはずがないことは容易に想像つくでしょう。
それでは、この考え方を使って考察を組み立てて行きましょう。

Ⓐ タマモサザンクロスのコース替わり

　まずは基本中の基本のレースレベルを確認すると、2018年11月3日の1000万下のレースがハイレベル。このレースの出走馬は、郡山特別が行われた6月29日の時点で、以下のような結果を残していました。

2018年11月3日　京都12R　3歳以上1000万下　ダ1200m良

着順	馬名	その後の成績
1着	アシャカダイキ	1600万下1着
2着	タマモサザンクロス	
3着	ロードエース	1600万下3着
4着	メイショウコゴミ	1600万下4着
5着	ジュエアトゥー	1000万下3着
6着	ジオラマ	1000万下2着

　上位陣がいずれも1600万下で活躍しているのを見れば、タマモサザンクロスが1000万下で結果を残せる馬であることは明白です。ただ、あくまでこれは京都での結果です。なので"グループ①のレースでは1000万下でも結果を残せる馬"と表現することにします。そして、京都ダ1200mで好走した後の2戦は7着、11着と結果を残せていません。ここの理由がわからなければ買いにくくなってしまうので（例えば「衰え」や「不調」なども検討しなければならないため）、正確に判断したいところです。そのときに先ほどのグループ分けが活きてきます。

　京都ダ1200mはグループ①、中京・新潟ダ1200mはグループ③、そして今回出走の福島ダ1150mはグループ④です。この時点でなんとなく敗戦の理由が見えてきませんか？　そう、新潟・中京は加速の入る特殊なグループです。もしかしたらここ2戦は加速が苦手だったのではないかと、疑ってかかることができます。この時点で人気がなければ馬券購入の意思を持って良い穴馬と判断可能です。

　さらに明確に理由を掘り下げる場合、次に確認したいのは、タマモサザンクロスは福島ダ1150m（グループ④）で力を発揮できるのか？という点。

　過去のその他のレースを同じようにグルーピングして考えるのでも良いですが、やはりハイレベルレースを軸に考えた方がコスパが良いです。先ほどは、このタマモサザンクロスはグループ①のレース（京都・阪神）では1000万下でも結果を残せる馬と表現しました。ただし、あくまで全体の傾向としてグルーピングしているだけなので注意が必要です。

　というのも、あくまでラップはレース単位であるからです。

CASE STUDY 03

タマモサザンクロスの戦績(2018年以降)

日付	レース名	コース	頭数	枠番	馬番	タイム	着差	位置取り	上り3F(順位)	人気	着順
2018.1.8	4歳以上1000万下	京都ダ1200稍	16	1	2	1.12.2	0.7	7 8	37.3(8)	11	8
2018.2.3	4歳以上1000万下	京都ダ1200稍	14	2	2	1.13.5	0.6	2 3	37.5(12)	8	9
2018.7.21	3歳以上500万下	中京ダ1200良	16	7	13	1.12.5	1.0	3 2	37.8(12)	7	8
2018.7.28	3歳以上500万下	小倉ダ1000良	14	6	9	0.59.1	0.1	1 1	35.6(6)	3	2
2018.8.18	3歳以上500万下	小倉ダ1000良	14	4	6	0.59.9	1.8	12 12	36.1(10)	4	13
2018.9.17	3歳以上500万下	阪神ダ1200良	16	3	6	1.12.7	0.9	2 3	37.5(11)	7	6
2018.10.14	3歳以上500万下	新潟ダ1200稍	15	3	4	1.11.7	-0.2	8 6	36.8(1)	1	1
2018.11.3	3歳以上1000万下	京都ダ1200良	16	6	12	1.11.5	0.2	5 4	36.3(9)	13	2
2018.12.2	鳴海特別(1000万下)	中京ダ1200良	16	5	10	1.11.7	1.2	9 8	36.4(8)	6	7
2019.4.29	火打山特別(1000万下)	新潟ダ1200稍	15	8	14	1.11.9	1.0	6 5	37.1(12)	8	11

　実際にタマモサザンクロスが好走したハイレベル1000万下のラップは12.3 - 11.0 - 11.4 - 11.8 - 12.2 - 12.6。加減速を表現すると（0.4 → 0.4 → 0.4）。つまりグループ①に属する京都ダ1200mのレースでありながらも、加減速を見てみるとグループ④に近い、淡々と減速していくレース質になっていたことがわかります。

　ここまで分析すれば、自信を持ってタマモサザンクロスは買いと判断可能でしょう。実際に郡山特別は加減速（1.0 → 0.6 → 1.2）とかなり厳しい減速ラップを刻むレースとなり、この馬が好走する結果に繋がりました。

　この次走、タマモサザンクロスは中京ダ1200m（グループ③）の大府特別を使われますが、結果は当然のように11着敗戦でした。鳴海特別（0.8 → -0.3 → 0.4）、火打山特別（1.2 → -1.1 → 0.3）、そして大府特別（0.8 → -0.1 → 1.0）と1000万下（2勝クラス）で負けたレースは、グループ③の傾向どおりのラップで負けているので、タマモサザンクロスは今後もグループ④を中心に狙ってみたいですね。※大府特別のレース後に落馬があり、2019年8月執筆時現在、情報が皆無なので状態面には注意が必要です。

> **JUDGE** タマモサザンクロスは3F-2Fで加速が入るグループ③が苦手な馬であり、減速が続くグループ④のレースなら買い。

Ⓑスナークライデンのコース替わり

　この馬がダート1200m以下の短距離で馬券になったのはキャリアで2度。1度目が小倉ダ1000m（9番人気3着）2度目が福島ダ1150m（15番人気2着）。この2コースはグルー

スナークライデンの戦績（2018年以降）

日付	レース名	コース	頭数	枠番	馬番	タイム	着差	位置取り	上り3F(順位)	人気	着順
2018.3.4	4歳以上500万下	小倉ダ1000良	13	5	6	0.59.8	0.3	2 2	36.9(8)	9	3
2018.3.24	4歳以上500万下	中京ダ1200稍	16	8	15	1.14.8	2.7	3 3	39.8(15)	6	15
2018.4.22	4歳以上500万下	福島ダ1150良	16	8	16	1.09.1	0.4	3 3	37.6(14)	14	6
2018.5.20	4歳以上500万下	京都ダ1200良	16	2	4	1.13.3	1.7	2 2	38.6(15)	13	10
2018.8.12	3歳以上500万下	小倉ダ1000良	14	7	11	0.59.4	1.3	6 7	36.6(11)	11	10
2018.11.4	3歳以上500万下	福島ダ1150良	16	4	8	1.08.8	0.1	3 3	36.8(4)	15	2
2018.11.18	3歳以上500万下	福島ダ1150良	16	7	14	1.09.2	0.2	6 6	37.3(4)	6	4
2018.12.2	3歳以上500万下	阪神ダ1200良	16	8	16	1.12.1	0.3	7 7	36.3(4)	7	5
2018.12.16	3歳以上500万下	阪神ダ1200良	16	6	13	1.12.6	1.3	7 7	36.5(3)	4	4
2019.1.6	4歳以上500万下	京都ダ1200良	16	6	12	1.12.1	1.5	11 10	36.0(3)	11	7
2019.3.3	4歳以上500万下	小倉ダ1000不	14	6	10	0.58.9	0.5	9 6	35.9(6)	5	8
2019.4.11	由良川特別	園田ダ1400重	12	7	10	1.26.8	-1.0	3 3 1 1	37.8(1)	2	1
2019.5.11	4歳以上1000万下	京都ダ1200良	16	7	14	1.11.9	0.6	10 9	36.5(3)	15	4

プ④なので、この時点で福島ダ1150mは得意舞台であろうという想定は容易に立ちます。

　前走は京都ダ1200mで4着と好走しており、その時の5着馬が、今回の郡山特別でも穴馬候補に挙がるであろうメイショウキタグニなので、メイショウキタグニの考察も同時に行い、取捨を判断することにします。

穴馬　Ⓒメイショウキタグニのコース替わり

　スナークライデンが前走1000万下で4着なのに対し、メイショウキタグニは5着。にもかかわらず、人気はスナークライデンが7番人気なのに対し、メイショウキタグニは6番人気。

　そもそものオッズの考え方として、超前潰れで先行していたなど、よほど明確な理由がない限り、オッズ的にはスナークライデンを上にとるべきなので、そこへの反発材料がないかを探します。

　ちなみにこのレース自体は前潰れ気味でしたが、ラップとして前潰れになるほど厳しくないラップであることと、走破時計も並であること、さらに当日のダート傾向として前有利であったことから脚質での優劣は判断材料に含まないという判断をしました。

　好走したレースをグルーピングすると、京都・阪神（グループ①）ばかりですが、そもそもこの馬は関西圏でのレースしか出走していないので、福島への初輸送は未知の条件になります。未知の条件は人気なら消し、人気薄なら買いと判断することができます。人気はあくまで相対評価であるため、今回の比較対象であるスナークライデンと比較すると、

人気なので消しとなります。
　この条件が揃ったときに、この2頭を比較すると下記のようになります。

京都ダ1200m（グループ①）での結果
スナークライデン：4着　　メイショウキタグニ：5着

脚質／ペースでの優劣
スナークライデン・メイショウキタグニともに大きな優劣なし

グループ①→グループ③（福島ダ1150m）への条件替わり
スナークライデン：普通条件→得意条件
メイショウキタグニ：未知の条件（人気なら消し、人気薄なら買い）

　以上のステータスを確認すると、買うべき馬は人気しているメイショウキタグニではなく、スナークライデンであるということは容易に判断可能となります。

 得意条件に替わるスナークライデンと、未知の条件に替わるメイショウキタグニでは、人気のない前者を買うべき。

 Ⓓシャワーブーケのコース替わり

　500万下勝ち上がりは新潟ダ1200mで果たしており、この時に今回単勝2.0倍の1番人気レッドアネラを負かしているので、いかにも穴馬の筆頭に取り上げられそうな馬です。
　ただし、この時はグループ③のレースで、この時のラップが11.8 - 10.6 - 11.5 - 12.5 - 12.1 - 12.9。加減速は（1.0 → -0.4 → 0.8）と加速減速を求められるグループ③の典型例のレースを勝ち上がってきた形。ここまでグループを意識してみてきた皆さんはもう、グループ④でのレースにおいてグループ③のレースでの結果は全く当てにならないことは容易に想像がつくと思いますが、それだけだと浅くなってしまうので、さらに深く根拠を探してみましょう。
　その理由を探す上で「はたしてレッドアネラはなぜ負けたのか？」という点が重要なポイントになります。レッドアネラの適性をみると、3月31日の中山ダートは前潰れでの6着という点を省くと中京・新潟で崩れていることがわかります。

シャワーブーケの戦績（2018年以降）

日付	レース名	コース	頭数	枠番	馬番	タイム	着差	位置取り	上り3F(順位)	人気	着順
2018.5.6	4歳以上500万下	京都ダ1400良	16	4	8	1.27.2	2.0	2 2	38.6(14)	9	13
2018.7.28	3歳以上500万下	小倉ダ1700良	16	6	11	1.46.3	1.5	7 8 7 6	38.2(8)	4	8
2018.10.2	3歳以上500万下	阪神ダ1400稍	16	7	13	1.25.8	0.2	2 2	39.1(10)	6	3
2018.10.20	3歳以上500万下	新潟ダ1200稍	14	7	12	1.11.4	-0.2	3 2	37.2(7)	2	1
2019.1.13	4歳以上1000万下	京都ダ1200良	16	2	4	1.12.3	0.5	3 4	37.3(10)	9	5
2019.4.21	4歳以上1000万下	京都ダ1200良	16	8	15	1.13.0	1.4	2 2	37.5(15)	5	11

レッドアネラの戦績

日付	レース名	コース	頭数	枠番	馬番	タイム	着差	位置取り	上り3F(順位)	人気	着順
2018.4.29	3歳未勝利	東京ダ1400良	16	7	14	1.27.6	0.2	10 8	38.5(2)	4	2
2018.5.19	3歳未勝利	東京ダ1600良	16	5	9	1.40.2	0.7	1 1	39.7(10)	1	4
2018.6.23	3歳未勝利	東京ダ1400稍	16	5	9	1.25.3	0.1	1 1	37.6(6)	2	1
2018.8.5	3歳未勝利	新潟ダ1200良	15	8	14	1.11.8	-0.7	1 1	37.2(2)	1	1
2018.10.20	3歳以上500万下	新潟ダ1200稍	14	2	2	1.11.7	0.3	10 10	36.5(2)	1	3
2018.12.1	3歳以上500万下	中京ダ1200良	16	2	4	1.13.0	0.3	4 3	37.4(5)	1	5
2018.12.28	3歳以上500万下	中山ダ1200良	16	1	1	1.11.3	-0.4	1 1	38.4(6)	1	1
2019.3.2	4歳以上1000万下	中山ダ1200稍	16	3	5	1.10.8	0.2	1 1	36.8(8)	2	2
2019.3.31	4歳以上1000万下	中山ダ1200良	16	1	1	1.11.8	0.4	1 1	37.6(14)	1	6

「あ！ レッドアネラはグループ③が苦手なのね」と適性が見て取れ、なぜレッドアネラがシャワーブーケに負けたのかがわかるでしょう。そこまでわかれば、シャワーブーケよりも優先して買うべき馬はタマモサザンクロスなどであるということが判断できるはずです。

　余談ですが、レッドアネラは上記以外では中山コースで2着がありますが、この時のレースラップはレッドアネラ自身が刻んで11.8 - 10.7 - 11.5 - 12.1 - 11.8 - 12.7。中山ダ1200mでは珍しいグループ③に属するレース質になってしまっていて、レッドアネラは苦手なレースで負けただけということまでわかりますね。

> **JUDGE** **シャワーブーケがレッドアネラに勝ったレースはグループ③で、グループ④に替わる今回は狙いが立たない。**

CASE STUDY 03

2019年6月29日　福島10R　郡山特別　ダ1150m稍重

着	馬名	性齢	斤量	騎手	タイム	位置取り	上がり	人気
1	6 ⑫ レッドアネラ	牝4	55	戸崎圭太	1.07.4	1-1	37.2	1
2	3 ⑤ スナークライデン	牡5	57	三浦皇成	1.07.6	8-6	36.2	7
3	2 ③ タマモサザンクロス	牡5	57	吉田豊	1.07.6	5-5	36.7	10
4	5 ⑩ コロニアルスタイル	牝5	55	津村明秀	1.07.7	12-9	35.9	9
5	8 ⑮ アルマユデイト	牝4	55	武士沢友治	1.07.8	6-6	36.7	15
6	6 ⑪ スマートアルタイル	牡4	57	石橋脩	1.07.8	13-13	35.9	2
7	2 ④ タイセイシュラーク	牡4	57	野中悠太	1.08.2	6-6	37.1	11
8	5 ⑨ シャワーブーケ	牝5	55	内田博幸	1.08.2	2-2	37.9	8
9	4 ⑦ メイショウキタグニ	牡4	57	柴田大知	1.08.4	8-9	37.1	6
10	7 ⑭ フォーティプリンス	牡5	57	丸山元気	1.08.5	14-14	36.4	3
11	4 ⑧ エンゲージリング	牝4	55	江田照男	1.08.5	3-3	38.1	4
12	7 ⑬ グラスレオ	牡4	57	木幡巧也	1.08.6	10-11	37.1	14
13	1 ① テキスタイルアート	セ7	57	田辺裕信	1.09.0	15-15	36.3	12
14	8 ⑯ メイショウアテン	牝5	55	田中勝春	1.09.0	10-12	37.5	13
15	1 ② アサケパワー	牡5	57	鮫島克駿	1.09.3	3-3	38.8	5
除	3 ⑥ トブガゴトク	牡6	57	蛯名正義				

単勝200円　複勝130円 400円 490円　枠連1,400円　馬連2,100円
ワイド960円 1,130円 3,950円　馬単2,660円　三連複10,110円　三連単35,900円

CASE STUDY 04

2019年6月23日 東京10R

夏至S（3勝クラス）

ダ1600m重

> 穴パターンに当てはまりそうな馬をピックアップしましょう。 ※穴馬の定義は便宜上5番人気以下とします。

5走前

人気	馬番	馬名
12人	1	ベルエスメラルダ
14人	2	クラウンシャイン
3人	3	メイショウラケーテ
6人	4	マルカソレイユ
13人	5	テイエムディラン
1人	6	スウィングビート
7人	7	バレッティ
9人	8	ブライトンロック
11人	9	ネコワシ
10人	10	アポロユッキー
4人	11	ラレータ
2人	12	グローリーグローリ
8人	13	ビックリシタナモー
5人	14	サザンヴィグラス

CASE STUDY 04

ヒント① 東京ダ1600mは特異なコース

ヒント② 距離延長、距離短縮の意味を考えよう

ヒント③ 東京ダートは雨が降ると差しが決まりやすくなる

Memo

夏至S の 予 想 手 順

前ページの馬柱から穴パターンに該当しそうな馬を探すと、以下の4頭が浮上します。

Ⓐマルカソレイユの距離延長
Ⓑバレッティの距離短縮と東京ダ1600m適性
Ⓒビックリシタナモーの東京ダ1600m適性
Ⓓサザンヴィグラスの重馬場替わり

東京競馬場のダートコースは、他場と比較してかなり特異な位置付けにあります。
　表は現在日本で開催されているダートコース一覧です。赤色ハイライトはその距離が他コースと被っていないことを示しています。

競馬場	直線の長さ	短距離		中距離		長距離	
札　幌	264m	1000		1700		2400	
函　館	260m	1000		1700		2400	
新　潟	354m	1200		1800		2500	
福　島	296m	1150		1700		2400	
中　山	308m	1200		1800		2400	2500
東　京	502m	1300	1400	1600		2100	
中　京	410m	1200	1400	1800	1900		
京　都	329m	1200	1400	1800	1900		
阪　神	353m	1200	1400	1800	2000		
小　倉	291m	1000		1700		2400	

　唯一の距離は全体で5つあり、内訳を見てみると、福島ダ1150m、阪神ダ2000m、そして東京ダ1300m、ダ1600m、ダ2100mとなっています。東京コースは他場では開催されない距離のレースが非常に多いことがおわかりになるかと思います。それに加えて、直線の長さを比較すると、東京ダートコースは直線が502mもあります。続くのが中京ダートコース（410m）、その次は新潟ダートコース（354m）と阪神ダートコース（353m）となっており、この辺りはもう東京ダートコースの直線距離の7割程度しかありません。中央競馬において、他とは一線を画した距離に加え、一線を画した直線距離で開催されるのが東京ダートコースであるということを前提として頭には入れておきたいですね。
　とくに、夏至Sが行われた東京ダ1600mはコーナー2つのU字コースでは最長の距離であり、1700m以上となるとどの競馬場もコーナー4つのO字コースになるため、距離短

縮の場合は必ずU字コース⇆O字コースの適性の差を考える必要があります。

Ⓐマルカソレイユの距離延長

　6番人気と中穴人気になっていたマルカソレイユですが、ダート1600mへの挑戦はこれが初めてでした。東京ダートは直線が長いため、他場と求められる適性が異なります。それを顕著に表す例が、東京ダ1600mは距離延長の馬の成績が芳しくないという点です。このコースへの距離延長となると他場では、1000m、1150m、1200m、1400mが対象になりますが、そもそもこれらのコースは直線が短いスプリント戦なので前半のスピードが速くなり、短い直線をスピードに乗ったまま最後まで維持してゴール……という競馬が主流になります。反対に東京ダ1600mは直線が長いためにスパートが遅れやすくなり、その結果、中盤で一度減速され、その後再度加速するという競馬が主流になります。

　実際の数字で示すとラップの加減速が表1、後半6Fのラップの折れ線グラフが表2となります。

表1

コース	5F-4F	4F-3F	3F-2F	2F-1F
中京ダ1400	0.65	0.37	-0.36	0.64
京都ダ1400	0.42	0.11	0.07	0.25
阪神ダ1400	0.56	0.12	-0.02	0.65
東京ダ1600	0.27	-0.15	-0.28	0.52

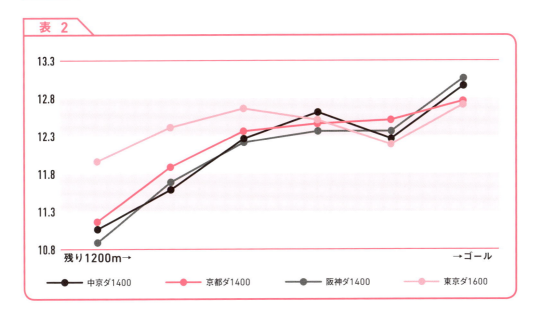

表2

可視化することでより顕著に、先ほど解説した短距離戦と東京ダ1600m戦の違いがわかると思います。

　ラップの加減速を見てみると、2F続けて加速するラップが唯一発生するのが東京ダートコースであり、これが先ほど「東京ダ1600mは直線が長いためにスパートが遅れやすくなり、その結果中盤で一度減速され、その後再度加速する競馬が主流」と書いた数字的根拠になります。

　この結果、東京ダ1600mに"距離延長"で挑んでくる馬はかなり苦戦を強いられることになります。これは短距離で走ってきた馬だから延長すると距離が持たない……という次元の話ではなく、前半のスピード&後半のスピード持続を武器にしてきた馬が、前半のスピードを求められず、後半はスピード持続ではなく、ダートでのギアチェンジ能力を求められ、全く違うレースになるので結びつきにくいということです。

	着別度数	勝率	連対率	複勝率	単回収率	複回収率
距離短縮	246-261-250-3018/3775	6.5%	13.4%	20.1%	80	72
同距離	258-229-228-1966/2681	9.6%	18.2%	26.7%	93	79
距離延長	68-83-88-1773/2012	3.4%	7.5%	11.9%	34	56

集計期間:2014年〜2019年6月

　前置きが長くなりましたが、今回マルカソレイユは距離延長で挑んできており、そもそも期待値の低いローテーション。加えて、マルカソレイユは前半3Fが34秒台の時［4-1-1-4］なのに対し、前半3Fが35秒台の時は［0-0-0-4］と結果は顕著です。

　東京ダ1600mでは前半3Fが34秒台に入る確率は高くなく、加えて今回はメイショウラケーテという明確な逃げ馬がいて、他に先行馬が多くない状況だったので、まず前半3F35秒台のレースになるだろうなとあたりをつけることができます。となると、マルカソレイユが恵まれる可能性は極めて低くなります。

　この結果、6番人気と穴人気していましたが、見せ場なく9着に敗れてしまいました。

　ちなみに、先ほどの前半3Fの時計別の結果を見れば確かに適性の差を理解してもらえると思いますが、数あるファクターの中からどうやってそこに注目するの？というと、先ほど強調していたポイントが大事になります。

> これは短距離で走ってきた馬だから延長すると距離が持たない……という次元の話ではなく、前半のスピード&後半のスピード持続を武器にしてきた馬が、前半のスピードを求められず、後半はスピード持続ではなく、ダートでのギアチェンジ能力を求められ、全く違うレースになるので結びつきにくいということです。

CASE STUDY 04

マルカソレイユの戦績

日付	レース名	コース	頭数	枠番	馬番	タイム	着差	位置取り		ペース	人気	着順
2016.7.3	2歳新馬	中京芝1400良	12	7	10	1.23.8	1.3	3	3	35.2-35.5	2	8
2016.7.23	2歳未勝利	中京芝1600良	16	5	10	1.35.6	0.3	2	2 2	35.8-35.6	6	3
2016.10.16	2歳未勝利	京都ダ1400良	11	8	10	1.24.5	-1.1	3	2	34.6-37.6	2	1
2016.11.12	オキザリス賞(500万下)	東京ダ1400重	16	3	6	1.25.2	1.3	2	3	34.4-37.4	1	11
2017.7.16	3歳以上500万下	中京ダ1400良	16	7	13	1.25.1	1.1	3	2	34.2-37.8	3	6
2017.9.18	3歳以上500万下	阪神ダ1400稍	16	5	9	1.24.5	-0.3	5	4	34.6-37.2	1	1
2017.10.8	3歳以上1000万下	京都ダ1400重	16	7	13	1.24.3	0.2	2	2	34.8-37.2	3	2
2017.12.28	春待月賞(1000万下)	阪神ダ1400稍	16	2	4	1.24.2	0.7	5	5	34.6-37.0	4	4
2018.1.27	4歳以上1000万下	京都ダ1400稍	16	4	7	1.25.5	0.4	14	14	35.0-37.8	2	6
2018.3.18	4歳以上1000万下	阪神ダ1400良	16	3	6	1.24.1	0.2	8	6	34.4-37.4	2	3
2018.4.15	4歳以上1000万下	阪神ダ1400不	16	2	3	1.23.2	0.0	7	6	34.4-36.9	1	1
2018.6.3	洲本特別(1000万下)	阪神ダ1400良	16	5	3	1.24.5	-0.4	3	3	34.2-38.2	1	1
2018.9.22	大阪スポーツ杯(1600万下)	阪神ダ1400重	12	4	4	1.22.7	1.1	10	11	33.8-36.4	2	5
2018.11.3	貴船S(1600万下)	京都ダ1400良	16	7	14	1.24.4	0.9	8	8	34.9-36.6	3	8
2018.12.1	御影S(1600万下)	阪神ダ1400良	9	8	9	1.24.1	0.6	3	3	35.2-36.3	4	5
2019.4.28	高瀬川S(1600万下)	京都ダ1400良	13	8	13	1.24.7	0.4	7	7	35.7-36.1	3	4
2019.6.9	安芸S(3勝クラス)	阪神ダ1400稍	11	6	7	1.25.0	1.7	9	9	35.3-36.0	2	8

「東京ダ1600mにおいて、距離延長組はバテてしまうから成績が悪い！」と解釈していると、前半のペースの違いに気づくことは難しいですが、前後半のラップの差があることを理解していれば、前半のペースに注目して戦績が偏っていることがわかります。

　また、こう解釈ができればマルカソレイユの狙い時もわかります。マルカソレイユはこの次走、中京ダ1400mへ距離短縮で挑み、前半3F32.6というハイペースの中で12番人気1着と大穴をあけました。この因果関係も今なら理解可能なはずです。「バテるからでしょ」と思考停止するのではなく、きちんと理解することでこのように応用が効きますし、さらに応用しようとすれば、前半3Fが35秒台になりそうなメンバー構成のレースにおいては、人気で嫌うタイミングがこの後も出てくるはずです。

> **JUDGE** マルカソレイユは期待値の低い距離延長に加え、ギアチェンジ戦が予想される今回は恵まれる可能性が低い。

Ⓑバレッティの距離短縮と東京ダ1600m適性

　マルカソレイユの項で東京ダ1600mは距離延長が難しいと書いたのですが、かといって短縮が有利なわけではありません。直線の短いコースでの中距離戦は仕掛けも早くなりやすく、2F連続で加速ラップを刻むようなギアチェンジ戦にはならないからです（詳しくラップを分析するのはページの都合上割愛します）。開催時期の都合上、関東馬なら前走中山コースになりやすいという点も重要です。関西馬については、直線の長い中京から使われる馬もいますが、中京ダートはスパイラルコースでインをどれだけうまく立ち回るかというレースになるのに対し、東京ダ1600mは内枠の成績が悪いことで有名なコースなのであまりリンクしません。それに加え、東京の前開催となると関西馬の主力は表開催の阪神・京都に集まってしまうため、中京組はあまり多くありません。

　距離短縮も距離延長も結果を残せないとなると、前走と同距離の馬の成績が抜群に高くなります。それが東京ダ1600mというコースの最大の特徴でしょう。同距離といってもダート1600mは東京ダ1600mしかないので、このコースに走り慣れている馬はそれだけメリットが大きいということが言えます。

　このことから、東京ダ1600mで実績のある馬はそれだけで大きなアドバンテージがあることがわかるので、東京ダ1600m巧者は非常に狙い目になります。

バレッティの戦績（2018年以降）

日付	レース名	コース	頭数	枠番	馬番	タイム	着差	位置取り	ペース	人気	着順
2018.1.8	成田特別(1000万下)	中山ダ2400良	15	3	4	2.36.7	0.3	12 13 12 8	38.6(2)	1	5
2018.1.27	4歳以上1000万下	東京ダ2100不	16	4	7	2.11.8	0.8	12 14 14 14	36.0(2)	2	3
2018.4.29	4歳以上1000万下	東京ダ2100良	15	7	12	2.14.0	0.5	12 13 11 7	38.2(1)	1	5
2018.5.19	是政特別(1000万下)	東京ダ2100良	16	5	9	2.13.4	1.4	8 8 8 10	37.3(2)	4	4
2018.7.29	3歳以上500万下	新潟ダ1800良	15	5	9	1.53.3	-0.1	2 2 1 1	37.7(3)	1	1
2018.10.21	3歳以上1000万下	東京ダ1600良	16	8	16	1.37.4	-0.1	8 8	36.9(4)	3	1
2018.11.18	錦秋S(1600万下)	東京ダ1600良	8	1	1	1.38.9	0.8	3 3	36.0(4)	3	4
2019.1.26	白嶺S(1600万下)	東京ダ1600良	10	2	2	1.38.7	0.9	3 3	36.9(7)	6	4
2019.3.16	韓国馬事会杯(1600万下)	中山ダ1800良	16	1	1	1.53.8	0.8	8 8 8 7	37.8(9)	9	9
2019.5.4	立夏S(1600万下)	東京ダ1600良	15	2	2	1.36.1	0.2	9 6	36.3(3)	13	5
2019.5.19	丹沢S(1600万下)	東京ダ2100良	16	6	11	2.13.8	2.2	5 5 5 6	38.9(14)	7	14

　バレッティは東京ダ1600mの実績こそ［1-0-0-3］ではあるものの、1・4・5・8着と3回掲示板に載っていました。着順こそパッとしないように見えますが、実際に結果を見てみると敗因は明確。後に1600万下を勝ち、プロキオンS2着のミッキーワイルドを下した1000万下以降は、馬番1・2・2番と、内枠の成績が悪いことで有名な東京ダ1600mで毎回最内を走らされる競馬になってしまっていました。

CASE STUDY 04

レース	着順	枠番	馬番	
3歳以上1000万以下	1	8	16	負かしたミッキーワイルドは1600万勝ち
錦秋S	4	1	1	最内を走る。相手が強かった
白嶺S	8	2	2	最内を走り4角から直線半ばまで詰まる
立夏S	5	2	2	最内を走って3着とタイム差なしの5着
夏至S	3	5	7	14頭立ての7番なのでこれまでよりは外めの枠

　バレッティは最内で不利な競馬をしながら直線でも明確な不利があった白嶺S以外は掲示板に載っているので、外枠替わりのタイミングで馬券になると狙いを立てることができます。また、この馬は距離短縮時に良績が集まっていて、距離短縮時［3-0-1-1］／距離延長時［0-1-0-3］と距離短縮が狙い目の馬でした。

　距離短縮時に走る馬だということをさらに明確にするために、馬券圏内にならなかった一度の敗戦を見てみると、そのレースこそ、不利な最内を走って3着馬とタイム差なしの5着だった立夏Sだったというわけです。

　さらにさらに掘り下げると、立夏Sは上位陣の上がりの幅が小さいレースになっており（穴パターン18）、上位の着順は4角での位置取りによって決まっていたレースでした。

2019年5月4日　東京9R　立夏S　ダ1600m良

着	馬名	性齢	斤量	騎手	タイム	位置取り	上がり	人気
1	5 ⑧ マジカルスペル	牡5	57	ルメール	1.35.9	3-3	36.5	2
2	8 ⑮ スウィングビート	牡4	57	田辺裕信	1.36.0	7-6	36.2	5
3	4 ⑥ シヴァージ	牡4	57	石橋脩	1.36.1	2-2	36.9	1
4	8 ⑭ フィールドセンス	牡5	57	丹内祐次	1.36.1	4-6	36.4	10
5	2 ② バレッティ	セ5	57	横山典弘	1.36.1	9-6	36.3	13
6	7 ⑫ クレマンダルザス	セ6	57	レーン	1.36.2	13-12	36.1	3
7	3 ⑤ グッドラックサマー	牡5	57	野中悠太	1.36.3	4-5	36.7	9

※8着以下は省略

　そのため、夏至Sで単勝2.4倍の1番人気だったスウィングビートとは、ほぼ差のない競馬。むしろ内を通った分の不利があったのでバレッティが7番人気というのは非常に美味しいオッズだったと言えるでしょう。

JUDGE **バレッティの戦績を見ると東京ダ1600m巧者と言え、距離短縮時に走るという点でも今回は買い。**

◎ビックリシタナモーの東京ダ1600m適性

この馬についても東京ダ1600mの実績をまずは確認していきましょう。

ビックリシタナモーの戦績(2019年以降)

日付	レース名	コース	頭数	枠番	馬番	タイム	着差	位置取り	上り3F(順位)	人気	着順
2019.1.12	羅生門S(1600万下)	京都ダ1400良	13	7	11	1.24.5	0.7	13 13	35.9(1)	5	7
2019.1.26	白嶺S(1600万下)	東京ダ1600良	10	4	4	1.38.4	0.6	8 8	36.2(2)	5	5
2019.2.16	河原町S(1600万下)	京都ダ1400良	12	4	4	1.25.3	1.3	8 8	36.9(9)	5	10
2019.3.2	播磨S(1600万下)	阪神ダ1400稍	16	8	15	1.23.7	1.0	13 12	35.9(1)	11	6
2019.3.31	鳴門S(1600万下)	阪神ダ1400稍	16	3	6	1.24.6	0.9	16 14	36.3(3)	10	9
2019.4.21	鎌倉S(1600万下)	東京ダ1400良	16	1	2	1.25.2	0.5	14 14	36.0(1)	8	8
2019.4.28	晩春S(1600万下)	東京芝1400良	10	8	9	1.21.2	1.8	10 10	33.5(6)	10	9
2019.5.12	BSイレブン賞(1600万下)	東京ダ1400良	16	8	16	1.25.1	0.6	14 13	34.9(3)	11	7
2019.5.26	薫風S(1600万下)	東京ダ1600良	15	8	14	1.37.7	1.0	14 13	36.0(2)	13	6

過去二度東京ダ1600mに出走しており、白嶺S(5番人気5着)と薫風S(13番人気6着)とこの2つの結果だけをみても東京ダ1600mへの適性は高そうだと見当がつきます。

白嶺Sでは、バレッティに不利があったのでそことの比較は難しいですが、1番人気のスウィングビートにはしっかりと先着していることがわかります。

2019年1月26日 東京9R 白嶺S ダ1600m良

着	馬名	性齢	斤量	騎手	タイム	位置取り	上がり	人気
1	6⑥ヴァローア	牝7	55	内田博幸	1.37.8	2-2	36.2	7
2	8⑩クレマンダルザス	セ6	57	荻野極	1.38.1	6-7	36.1	3
3	5⑤レッドオルバース	牡7	57	マーフィ	1.38.2	1-1	36.7	2
4	3③イダペガサス	牡4	56	石川裕紀	1.38.3	6-3	36.5	4
5	4④ビックリシタナモー	牡5	57	三浦皇成	1.38.4	8-8	36.2	5
6	7⑦スピーディクール	牡5	57	田辺裕信	1.38.5	3-3	36.7	8
7	7⑧スウィングビート	牡4	56	ミナリク	1.38.7	3-3	36.9	1
8	2②バレッティ	セ5	57	大野拓弥	1.38.7	3-3	36.9	6

※9着以下は省略

薫風Sでも上がり2位の脚を使ってスウィングビートと0.5秒差の6着でした。ビックリシタナモーのような毎回上がり最速を使えるような馬が今回差せるかどうかは、差しが決まる馬場かどうかを確認すれば簡単に判断することが可能です。

東京ダートは雨が降ると差しが決まる馬場になりやすい傾向があるので、当日の馬場状

CASE STUDY 04

態の確認をするのが馬場悪化時の東京ダート攻略のポイントです。実際にビックリシタナモーも、東京ダート良［0-0-0-4］なのに対し、東京ダート重［0-2-0-0］と、馬場が渋って差しが決まるようなレースになった時に差してくるという顕著な結果を残していました。

夏至S当日の東京ダートは重馬場で、夏至Sまでの4R全てで勝ち馬は差し馬、3着内までに入った馬12頭中9頭が4角5番手以降、4角2桁通過順の馬も5頭と明らかに差しが決まりやすい馬場状態でした。

レース	着	馬名	位置取り	上がり	人気
1R　3歳未勝利 ダ1600m	1	2④ オーバーディリバー	11-10	35.7	2
	2	8⑯ シゲルグリンダイヤ	6-5	36.8	1
	3	2③ ノブベック	15-13	36.0	3
2R　3歳未勝利 ダ1400m	1	2③ ジョイナイト	8-5	36.8	2
	2	7⑬ ノワールムーティエ	13-13	36.0	3
	3	5⑨ メンディ	2-2	37.4	1
6R　3歳未勝利 ダ2100m	1	3③ ボヘミアラプソディ	11-11-9-8	35.8	5
	2	1① ワンダーコノシュア	9-8-7-5	36.9	1
	3	6⑦ レッドグラティアス	7-6-4-3	37.2	2
9R　清里特別 ダ1400m	1	8⑯ サトノギャロス	9-10	35.2	1
	2	7⑬ エピックアン	12-10	35.3	5
	3	3⑤ デンバーテソーロ	2-2	36.3	8

ビックリシタナモーは東京ダ1600mでは5着・6着と良馬場でも掲示板に載れるだけの実力を持ち、東京ダートの馬場悪化時に好走が集中。その中で渋ったダートに出走してきて、当日は差しがバンバン決まる馬場……となれば、8番人気のこの馬を買わずにはいられないでしょう。

結果的には上がり最速で4着でしたが、アプローチとしては完璧に近いアプローチだったと思います。ビックリシタナモーは次走、超ハイペースで差し決着になった桶狭間Sで2着になりました（勝ち馬は前述したマルカソレイユ）。このように毎回上がり上位の脚を使える馬は、差せるレースになるかどうかが最大のポイントなのです。

> **JUDGE** **ビックリシタナモーは東京ダ1600m実績があり、馬場悪化時に好走が集中する馬でもあるため、今回の条件は理想的。**

Ⓓサザンヴィグラスの重馬場替わり

　名前からわかる通りサウスヴィグラス産駒です。顕著な傾向が出るサウスヴィグラス産駒の特徴で覚えておきたいのが以下の2点。

①距離延長に弱い
②内枠×・外枠◯の種牡馬

　距離短縮では抜群の数字を残すのに対し、距離延長では好走率も回収率も悪いというのがサウスヴィグラスの特徴。このような血統によるデータはパリミュチュエル方式によって、事実（距離短縮が得意）と数字（ベタ買いの回収率）が入れ替わってしまうことが多いです。その最たる例が、ディープインパクト産駒は好走率が高く強い（事実）のだが、回収率で見ると非常に平凡な数字（70％程度）というところでしょう。

　サウスヴィグラス産駒についてはバイアスを差し引いても距離短縮時に好成績なので、使えないデータではなくひねらずにそのまま使えるデータという認識で良いでしょう。

　また、2つ目の内枠×・外枠◯の種牡馬であるという点については、根本は砂をかぶるのが苦手という点と、馬群が苦手、マイペースで走れないと走る気をなくしてしまうという点にあります。サウスヴィグラスは大敗後の巻き返しが多い種牡馬としても知られていますが、そのあたりも馬の走る気を損ねないことが大事だったりします。

　ただし、このデータについてはあまりに知られすぎているために、事実と数字の逆転が起こってしまっています。そのため、ベタ買いでは難しいので、ここはこのデータの捉え方をひねる必要があります。

　前提を理解したところで、この馬の戦績を確認しましょう。

サザンヴィグラスの戦績（中央転厩後）

日付	レース名	コース	頭数	枠番	馬番	タイム	着差	位置取り	上り3F(順位)	人気	着順
2019.2.24	ブラッドストーンS(1600万下)	中山ダ1200良	16	6	11	1.13.3	2.0	6　6	39.0(14)	13	15
2019.3.23	春風S(1600万下)	中山ダ1200稍	15	6	10	1.11.0	0.4	8　7	36.7(7)	14	5
2019.4.28	高瀬川S(1600万下)	京都ダ1400良	13	7	10	1.24.6	0.3	7　7	35.6(2)	7	3
2019.6.2	麦秋S(3勝クラス)	東京ダ1400良	16	6	11	1.24.2	0.7	4　4	36.4(8)	11	2

　この馬は中央転厩初戦のブラッドストーンS（中山ダ1200m）こそ15着と大敗しましたが、続く春風Sで14番人気5着と大健闘。そして高瀬川S（京都ダ1400m）では、7番人気ながら3着と好走。この時は道中で砂をかぶり4角手前では首を振って嫌がっていましたが、前が空いてからはスムーズに加速して3着を確保する形となりました（この辺りはレース映像を見てください）。

ここで評価したい点は、2つ。

▶ 1200m→1400mへの距離延長に対応
▶ 馬群で揉まれて砂をかぶる展開に対応

　いずれも苦手であろう展開を打破して3着を確保したという点が着差以上に評価できるポイントでした。苦手条件で好走した馬の次走を評価するという考え方は穴パターン09を参照してください。
　そして迎えた麦秋Sでは、前走で好走したにも関わらず11番人気という低評価で、2着と好走しました。前走が距離延長苦・揉まれてしまうというダブルパンチから、前走と同距離、そして揉まれにくい外枠を引いたという条件に変わりました。前走はこのクラスで3着と好走した上に、条件は前回よりも好転する。それにもかかわらず前走よりも人気を落とすとなれば、当然再度穴馬として狙うことができます。
　そして、今回の夏至Sでは、サザンヴィグラスの二度の激走を目の当たりにした人たちが「三度目も頼むぞ!」と買い込み、5番人気（単勝10倍）に支持されていました。ここでまず馬個体を見る前に、パリミュチュエル方式の特性から「好走した本命馬の次走は軽視（『穴パターン事典』予想アプローチ8）」が長い目で見たときの正しいスタンスなので、まずは軽視する方向で検討しましょう。
　馬個体に目を向けると、前走からの条件の変化は距離延長（1400m→1600m）、良馬場→重馬場という2点で、枠は外枠を引いたので全く問題なしという状況でした。
　ここで前提の復習ですが、距離延長を苦手とするのがサウスヴィグラス産駒の特徴です。一度克服しているとはいえ、サウスヴィグラス産駒は1400mまでを得意とする種牡馬なので1600mへの延長がプラスに働かないことは容易に想像可能です。
　また、揉まれ弱いという点を思慮すると、ダートは良馬場よりも重馬場の方がキックバックの影響を受けやすくなるので、良馬場→重馬場もプラスに働くとはいえない条件変更でした。
　ここまでのタイミングでこの馬を買うことも消すこともできなかった方がいたとしても、このように分析すれば、サザンヴィグラスという馬をいつ買えば良いかは明白でしょう。

　サザンヴィグラスはこの次走で小倉ダ1000mへの距離短縮で使われましたが、前半が遅くなりやすい東京マイルの前半3F35.8から前半3F33.6のレースに変わってしまっては追走が厳しく、4角では砂をかぶって競馬をやめてしまっていました。また、このレースも重馬場でした。

日付	レース名	コース	頭数	枠番	馬番	タイム	着差	位置取り	上り3F(順位)	人気	着順
2019.6.23	夏至S(3勝クラス)	東京ダ1600重	14	8	14	1.36.9	1.9	3　3	36.9(14)	5	13
2019.8.17	テレQ杯(3勝クラス)	小倉ダ1000重	13	5	7	0.59.4	2.1	8　10	35.9(12)	5	11

この後は距離延長になる可能性が高いですが、そこで敗戦後のタイミングで人気を落としてくれさえすれば狙い目になる可能性は十分にあります。このように競馬はストーリー（『穴パターン事典』予想アプローチ2）なので、後追いで買う層を尻目に美味しい蜜を吸えるタイミングまで待ちましょう。

 サザンヴィグラスは1600mへの距離延長、重馬場がプラスに働かないため、穴人気している今回は狙えない。

2019年6月23日　東京10R　夏至S　ダ1600m重

着	馬名	性齢	斤量	騎手	タイム	位置取り	上がり	人気
1	4⑥スウィングビート	牡4	56	田辺裕信	1.35.0	2-2	35.5	1
2	7⑫グローリーグローリ	牡4	54	国分恭介	1.35.4	4-5	35.3	2
3	5⑦バレッティ	セ5	55	蛯名正義	1.35.5	7-7	35.3	7
4	8⑬ビックリシタナモー	牡5	54	松若風馬	1.35.7	12-12	34.8	8
5	6⑩アポロユッキー	牝5	51	藤田菜七子	1.36.0	8-9	35.5	10
6	5⑧ブライトンロック	牝5	56	大野拓弥	1.36.0	13-12	35.1	9
7	6⑨ネコワシ	牡4	54	武士沢友治	1.36.1	10-10	35.5	11
8	3③メイショウラケーテ	牡5	55	津村明秀	1.36.2	1-1	36.8	3
9	3④マルカソレイユ	牝5	53	戸崎圭太	1.36.3	4-3	36.3	6
10	7⑪ラレータ	牡5	55	内田博幸	1.36.7	8-7	36.4	4
11	4⑤テイエムディラン	牡4	54	柴田大知	1.36.7	4-5	36.6	13
12	1①ベルエスメラルダ	牝5	51	田中健	1.36.8	11-10	36.1	12
13	8⑭サザンヴィグラス	牡4	55	野中悠太	1.36.9	3-3	36.9	5
14	2②クラウンシャイン	牡7	55	松岡正海	1.38.5	14-14	35.8	14

単勝240円　複勝130円 180円 330円　枠連440円　馬連740円
ワイド320円 560円 1,320円　馬単1,270円　三連複3,020円　三連単11,700円

穴馬分解コラム 01

間隔を開けた方が良い馬と間隔を詰めた方が良い馬

花のみちS／ハングリーベン（14番人気1着）

花のみちS時に14番人気1着と大穴を開けたハングリーベンでしたが、まったく買えなかったかというとそうではなく、むしろ条件としては絶好の買い時でした。

この馬は2歳時に兵庫ジュニアグランプリで2着（勝ち馬はOP馬ドンフォルティス）、3歳時にはフェアウェルS（1600万）で2着と好走した実績がありましたが、体調面から続けて使うことができず、その結果、何度も長期間休養を取らざるを得ない状況でした。

しかし、長期休養明け2戦目の1000万下で13番人気3着と穴をあけ、中1週で使われた次走で1000万下を勝利。また間隔を2ヶ月開けた昇級戦で9着と敗戦した後、中1週で臨んだ花のみちSで人気を落として大穴をあけた形です。

ハングリーベンの戦績を見てみると、中央のダートでは中4週以内だと［3-2-1-0］と馬券圏外がありません。またダート1200mは［2-1-2-3］で、休み明けと不良馬場の時を除くと［2-1-2-0］とパーフェクトなので、中1週で良馬場ならばこの馬が14番人気だとしても、過去に現級でも実績があるので十分に買う要素が揃っていたと言えるでしょう。

このように中○週以内の時の成績を考えるというのは、あまり予想ファクターとして取り入れられないので有効な予想法だと思います。戦績を確認する際に間隔が空いているか空いていないかを意識してみると良いでしょう。

また、ハングリーベンの狙う際はラップもポイントになります。過去に出走した1200m戦のラップ加減速をまとめたものが下図になります。

日付	間隔	レース名	コース	人気	着順	4F	5F	6F
2017.9.10	中37週	ながつきS（1600万下）	中山ダ1200良	6	11	0.6	0.4	0.8
2017.10.22	中5週	北陸S（1600万下）	新潟ダ1200不	8	5	0.7	-0.3	0.1
2017.12.24	中2週	フェアウェルS（1600万下）	中山ダ1200良	11	2	0.7	0.2	0.7
2019.3.2	中33週	4歳以上1000万下	中山ダ1200稍	10	10	0.6	-0.3	0.9
2019.3.16	中1週	恵那特別（1000万下）	中京ダ1200良	13	3	0.4	0.4	1.7
2019.3.31	中1週	4歳以上1000万下	中山ダ1200良	5	1	0.6	0.4	0.7
2019.6.23	中1週	花のみちS（3勝クラス）	阪神ダ1200良	14	1	0.4	0.2	0.7
2019.8.18	中7週	NST賞（OP）	新潟ダ1200良	7	12	0.5	-0.4	1.0

9ヶ月ぶりだったながつきS以外での凡走は見事なまでに減速→加速→減速というリズムで、途中に加速が入っているレースになっています。このことよりNST賞では7番人気12着と凡走しましたが、中6週での出走でしたし、苦手な減速→加速→減速というレースと敗因は明確でした。NST賞を勝ったのは花のみちSで2着に負かしたストロベリームーンだったので、減速続きのレースになればOPクラスでも通用すると判断可能です。

CASE STUDY 05

2019年6月23日 東京9R
清里特別（2勝クラス）

ダ1400m重

穴パターンに当てはまりそうな馬をピックアップしましょう。※穴馬の定義は便宜上5番人気以下とします。

5走前

人気	馬名
13人	トークフレンドリー
10人	コスモビスティー
6人	ミスパイロ
3人	ヒルノサルバドール
8人	デンバーテソーロ
7人	ケイアイビリジアン
16人	ブリクスト
12人	トラストロン
2人	エングローサー
15人	ミフトゥーロ
11人	サンライズフルメン
9人	ニシノコトダマ
5人	エピックアン
4人	アルーアキャロル
14人	アオイサンシャイン
1人	サトノギャロス

CASE STUDY 05

 過去の実績が盲点になっている馬は？

 降級制度廃止の初年度

 各ダートコースの適性の違いを意識しよう

Memo

清里特別の予想手順

前ページの馬柱から穴パターンに該当しそうな馬を探すと、以下の4頭が浮上します。

Ⓐミスパイロの差し脚
Ⓑデンバーテソーロのダート戻り
Ⓒニシノコトダマの道悪ダート
Ⓓエピックアンのロ字コース／広いコース

1頭ずつ詳しく見ていきましょう。

 Ⓐミスパイロの差し脚

　ミスパイロは、毎回上がり3Fでメンバー上位の脚が使える馬です。
　夏至Sのビックリシタナモーのところで解説した通り、毎回メンバー上位の上がりを使う馬の好走は、自己要因ではなく、他者要因によります。具体的にはハイペースになって差しが決まるといったような、差しが決まりやすい条件が揃うかというのがポイントになります。
　そもそも、なぜ上がり最速を毎回使えるかというと、そういう馬の多くの馬は後方からの競馬になってしまうからです。さらに掘り下げて、なぜ後方からの競馬になってしまうかを分析すると、ゲートが悪いとか行き足がつかないとか、馬混みがダメだとか、道中溜めないと末脚が発揮できないだとか、「なんらかの欠点」を補う（隠す）ために後ろからの競馬になってしまっているわけです。欠点として挙げられる理由として以下があります。

①馬群が苦手（飛びが大きい）	例：ルージュバック
②馬群が苦手（揉まれ弱い）	例：コパノリッキー
③加速までに時間がかかる	例：ミッキークイーン
④ゲートが悪い	例：ゴールドシップ
⑤追走スピードがない	例：ゴールドシップ
⑥キックバック（砂をかぶる）が苦手	例：コパノリッキー

　これらの弱点を隠すために外を回す競馬が中心になり、内枠では結果を残せないが外枠だと結果を残せるという馬が多数いたりします。とくにダートでは⑥のキックバックの影

CASE STUDY 05

ミスパイロの戦績（2018年以降）

日付	レース名	コース	頭数	枠番	馬番	タイム	着差	位置取り	上り3F（順位）	人気	着順
2018.1.6	4歳以上1000万下	中山ダ1800良	16	7	13	1.55.7	2.2	5 5 5 5	38.0 (15)	11	15
2018.2.12	4歳以上1000万下	東京ダ1600良	16	2	3	1.39.3	1.4	5 6	37.8 (16)	9	16
2018.3.25	4歳以上1000万下	中山ダ1200良	16	5	10	1.12.2	0.6	14 13	36.2 (1)	11	5
2018.4.15	4歳以上1000万下	阪神ダ1400不	16	5	10	1.23.8	0.6	15 14	36.2 (2)	8	7
2018.6.3	3歳以上500万下	東京ダ1400良	16	5	9	1.25.1	-0.5	16 16	35.8 (1)	2	1
2018.6.24	清里特別（1000万下）	東京ダ1400重	16	8	16	1.23.2	0.5	16 16	34.5 (1)	8	6
2018.9.17	浦安特別（1000万下）	中山ダ1200良	16	2	4	1.10.7	0.3	15 14	35.6 (1)	11	4
2018.10.13	3歳以上1000万下	東京ダ1400良	16	1	1	1.25.4	1.3	8 9	36.7 (10)	6	13
2018.12.15	舞浜特別（1000万下）	中山ダ1200良	16	2	3	1.11.2	0.2	14 12	36.6 (2)	7	3
2019.1.13	4歳以上1000万下	中山ダ1200良	16	8	16	1.11.4	0.2	9 9	36.3 (4)	4	2
2019.3.10	4歳以上1000万下	中山ダ1200良	16	2	3	1.12.0	0.3	13 13	36.1 (2)	2	6
2019.4.7	4歳以上1000万下	中山ダ1200良	16	1	2	1.12.3	1.0	15 15	35.9 (1)	5	13
2019.6.9	小金井特別（2勝クラス）	東京ダ1400重	16	8	15	1.22.9	0.0	14 14	35.1 (1)	6	2

響もプラスαとして加わるので、内外での成績の差が顕著な場合があります。

　ミスパイロの場合、最も結果を残している中山ダ1200mでの成績を内外で分類してみると、以下のようになります。

▶**全体成績（1-2-2-7）**　　▶**馬番1桁時（0-1-1-6）**　　▶**馬番2桁時（1-1-1-1）**

　8枠15番だった前走はなぜかイン差しを選びましたが、綺麗に前に馬がいない状態になったことで加速もスムーズに行え、キックバックの影響も受けず、最高の競馬ができての2着でした。そんな競馬をした後に、今回2枠3番に変わっての出走となってしまったので、前走の再現を期待するのは難しくなりました。

　実際にレースを見てみると、内枠からの出走になったことでインで我慢させられる競馬になり、4角では外に出そうと試みるも他馬が壁になり出せず。インを差す方針に変更しましたが、キックバックと馬群で思うように伸びませんでした。ただ、ラスト1Fは馬群が崩れ前に馬がいなくなったことでグイグイと脚を伸ばして、たった200mの間で14番手から6番手（6着）まで上がりました。この辺りからもスムーズに外に出せていたら好走する能力があったことは明白ですが、にも関わらず凡走してしまったことで、枠順の不利が与える影響の大きさを知ることができます。

> **JUDGE** **ミスパイロは外をスムーズに回す競馬で好走する**
> **タイプのため、内枠を引いた今回は狙いにくい。**

Ⓑ デンバーテソーロのダート戻り

　芝→ダート→芝、ダート→芝→ダートの条件替わりは、2歳・3歳時に頻繁に出現する妙味の大きいファクターで、馬券的にも非常に有効です。条件替わりがなぜ有効になりうるかを説明する前に、ダ→芝、芝→ダ替わりのデータを確認しておきましょう。

	着別度数	勝率	連対率	複勝率	単回収率	複回収率
芝→ダ	612- 550- 553- 9187／10902	5.6%	10.7%	15.7%	79	72
ダ→芝	241- 246- 323- 7552／8362	2.9%	5.8%	9.7%	72	68

　直感として芝→ダは"走りそう"な気がしますよね。実際に勝率はダ→芝の2倍近くあり、複勝率も1.6倍程度の数字になっています。反対にダ→芝は"走らなさそう"な気がしますよね。実際に勝率も2.9%しかありません。しかし、回収率を比べてみると、どちらも同じように払戻率に近い数字になっています。回収率＝好走率×オッズですので、好走率が高い芝→ダはダ→芝に比べてオッズが低いということがわかります。これを私はデータ優位性の陥没と呼んでいます。
　直感的に芝→ダは走りそうという固定概念が馬券購入者に根付いてしまっている上に、わかりやすいシンプルなデータである以上、パリミュチュエル方式の競馬では勝てません。では、どうすれば勝てるのでしょうか？　先ほどの回収率の式で考えてみましょう。

> 回収率＝好走率×オッズ

　回収率を上げるためには、①好走率を上げること、②オッズを上げることの2択です。
　好走率を上げることは馬券購入者の私たちができることではないので、私たちがすべきは②オッズを上げることです。では、どうすればオッズを上げることができるかというと、"少しだけわかりにくくすること"です。たとえば、芝→ダ／ダ→芝を少しだけわかりにくくして、芝→ダ→芝／ダ→芝→ダの条件替わりを狙うということです。
「アホか！　当たり前だろ」と思われそうではありますが、オッズを見たらそうではないことがよくわかります。
　デンバーテソーロの戦績をご覧ください。
　2歳時にはエーデルワイス賞（GⅢ）2着、兵庫ジュニアグランプリ（GⅡ）3着と好走していましたが、芝で好走歴があったので芝へ転向。芝で3連敗した後に迎えたのが今回の清里特別でした。
　何をどう評価して8番人気だったのでしょうか。芝での敗戦はダートでの戦績にまったく関係ないので、排除しましょう。

CASE STUDY 05

デンバーテソーロの戦績

日付	レース名	コース	頭数	枠番	馬番	タイム	着差	位置取り	上り3F(順位)	人気	着順
2018.6.17	2歳新馬	函館芝1200良	14	2	2	1.09.7	0.3	3 3	34.9(3)	1	3
2018.6.30	2歳未勝利	函館芝1200稍	12	6	8	1.09.9	0.2	2 2	35.7(3)	3	2
2018.7.14	2歳未勝利	函館ダ1000稍	12	3	3	0.59.3	-0.7	2 2	36.0(1)	1	1
2018.10.16	エーデルワイス賞(G3)	門別ダ1200稍	16	8	15	1.13.5	0.0	5 5		1	2
2018.11.28	兵庫ジュニアG(G2)	園田ダ1400良	12	5	5	1.29.5	0.9	4 3 4 6		3	3
2018.12.22	クリスマスローズS(OP)	中山芝1200良	14	4	5	1.09.0	0.5	6 7	35.0(4)	5	5
2019.1.26	クロッカスS(L)	東京芝1400良	10	2	2	1.22.7	0.5	8 6	34.0(4)	6	6
2019.3.10	アネモネS(L)	中山芝1600良	16	8	16	1.36.1	1.7	12 9 9	36.1(12)	13	14

　初ダートの未勝利戦は4馬身差の圧勝。続くエーデルワイス賞（GⅢ）では、のちに東京2歳優駿牝馬を制したアークヴィグラスとクビ差の2着。その後の兵庫ジュニアグランプリ（GⅡ）では、全日本2歳優駿2着／JDD2着／レパードS3着のデルマルーヴルには大差で負けたものの、500万下を4馬身差で圧勝し、超ハイレベルなヒヤシンスS（L）で8着だったオルトグラフと1馬身差の3着と好走していました。

　もちろん安直に比較できるものではありませんが、500万下を4馬身差で圧勝したオルトグラフと同等の競馬ができている馬が、1000万下で8番人気というのはあまりにも人気がありませんでした。その根拠は、オルトグラフ自身は一つ上の1600万下に出走し6番人気（3着）でしたし、今回のレースで1番人気を背負っていたのは5馬身差で500万下を圧勝したサトノギャロスであったところに求めることができます。

　このように分析をして戦績を整理すると、清里特別での8番人気はあまりにも美味しいオッズであったとわかります。これこそまさに私たちができる、回収率＝好走率×オッズという方程式において間接的にオッズを上げる方法です。

　さらに付加価値として、2019年は降級制度廃止の初年度でした。清里特別（1000万下）を基準に考えれば、降級馬が2018年には2頭、2016年には1頭いたので、それらの馬が出走しなくなる分、3歳馬の成績が上がることは明白でした。

　なぜ3歳が優位になるのかを説明しておくと、降級制度がなくなったことにより、この時期に1000万下にいる古馬は何度も何度もトライしたにも関わらず1000万下を脱出できなかった馬たちの集まりになってしまうからです。反対に3歳馬はというと、5月までは使うレースに制限があり、3歳限定戦を使わざるを得ないため、賞金1000万のハードルが非常に高いからです。クラスを決定する材料となる収得賞金の関係上、2歳馬で1000万のハードルを越えるためには2歳重賞で2着以内に入るか、もしくは2歳OPを勝つかしなければ難しいのです。なので、将来OP馬になれるような器であったとしても、1000万以上の収得賞金を得ていない馬が多数存在するわけです。

　何度も1000万下で戦っていても突破できない古馬 VS 収得賞金上1000万下に出走しなければいけない才能にあふれる3歳馬という構図になるので、当然3歳馬が優勢になり

ます。デンバーテソーロの例では、このように3歳馬がオッズ的に優位に立てた点も後押しになりました。

> **JUDGE** 芝での連敗によって不当に人気を落としていたが、デンバーテソーロのダート実績は高く評価できる。しかも、ここは3歳馬有利。

穴馬 Ⓒニシノコトダマの道悪ダート

　道悪ダートは［2-1-0-2］で、敗戦したのはゲートで躓いてしまったごぎょう賞5着と、4ヶ月ぶりの休養明けだったオキザリス賞8着のみ。さらに前走の勝ち時計1分16秒6はサトノファンタシーのレコードと0秒5差という破格のタイム。時計であたりをつけるのは非常に難しくはありますが、ダートに限ると雨が大量に降った時などはイレギュラーな数値を計測しやすいのでチェックするのもありでしょう。

　東京ダ1300m戦において、1分16秒台で走破したレースと頭数は直近10年で6レース15頭。ニシノコトダマ以外の馬の次走結果を見てみると、以下のようになります。

馬名	結果
ノッキングオン	9人気6着
ハクサンレガシー	5人気7着
スワンボート	3人気5着
タガノトネール	1人気1着
ニットウスバル	1人気1着
パイメイメイ	1人気1着
サトノファンタシー	1人気1着
ブルミラコロ	1人気1着
ダウトレス	6人気6着
ストロングトリトン	3人気12着
レンイングランド	3人気11着
スピーディクール	2人気1着
レッドオーガー	5人気3着
プタハ	1人気13着
単回収率 126%	**単回収率 85%**

昇級馬のみ

馬名	結果
ノッキングオン	9人気6着
ニットウスバル	1人気1着
サトノファンタシー	1人気1着
スピーディクール	2人気1着
レッドオーガー	5人気3着
単回収率 218%	**単回収率 164%**

CASE STUDY 05

ニシノコトダマの戦績

日付	レース名	コース	頭数	枠番	馬番	タイム	着差	位置取り		上り3F(順位)	人気	着順
2018.6.16	2歳新馬	東京ダ1400重	16	3	6	1.26.3	1.0	1	1	37.1 (7)	1	2
2018.7.8	2歳未勝利	福島ダ1150重	16	8	15	1.09.0	0.0	1	2	37.3 (2)	1	1
2018.11.10	オキザリス賞(500万下)	東京ダ1400稍	16	5	10	1.26.3	1.9	3	3	37.7 (11)	10	8
2018.12.2	2歳500万下	中山ダ1200良	16	3	6	1.11.9	0.3	9	7	37.6 (2)	9	2
2019.2.2	ごぎょう賞(500万下)	中京ダ1200稍	11	2	2	1.12.7	0.7	3	3	37.3 (7)	4	5
2019.2.23	3歳500万下	中山ダ1200良	16	3	6	1.12.1	0.4	7	6	37.7 (5)	4	4
2019.3.16	3歳500万下	中山ダ1200良	16	8	16	1.11.6	0.1	9	8	36.9 (4)	3	3
2019.3.30	3歳500万下	中山ダ1200良	16	6	11	1.12.0	0.7	5	8	37.3 (7)	2	7
2019.6.8	3歳以上1勝クラス	東京ダ1300重	16	2	3	1.16.6	0.0	9	7	35.1 (2)	4	1

　これだけの時計が出るレースというのは、あからさまに通常のレースとは違う適性が求められたにも関わらず、上位に好走した馬は次走で人気を集めることになります。そのため、明確なナニカが働いた次のレースについては、基本的には消しのスタンスを取るべきになります（穴パターン20）。

　ただし、今回のイレギュラーを確認してみると、1番人気の馬が5勝と圧巻の数字になっていて、その結果、回収率ベースでも単勝回収率が100％を超えてしまっています。ただし、複勝ベースでは85％なので、これだけでは勝てるデータとは言えません。

　ただし、注目したいのは昇級した場合の戦績で、こちらに目を向けると回収率はともに優秀で人気でも穴でも走っており、サンプルは少ないデータで信頼を置くには全く足りませんが、使える可能性が"高い"データであると判断できます。

　ニシノコトダマの場合、昇級戦になりますが、条件が大きく替わるわけではなく、ダ1300（重）→ダ1400（重）だったので、9番人気ならば狙うに値すると判断できます。ごぎょう賞は稍重発表ではあったものの、映像を見てもほぼ乾いた馬場。さらに時計を比較してもほぼ良馬場でした。馬場差を測るというのは非常に難しく、ハードルが高いのですが、この辺りは時短術としてnetkeibaさんの馬場指数を使うという手法もあります。

　馬場指数をみると、9番人気2着した中山ダート1200m戦は良馬場でしたが、こちらの方が稍重のごぎょう賞よりも馬場が速かったということがわかります。そう考えると馬場が軽い順の着順は1着→2着→8着→1着→2着となるので、余計に時計の速い馬場は合っているだろうと判断できます。結果的には最後の100mで垂れてしまったので、距離短縮でもう一度重馬場で狙ってみたい馬ですね。

　今回のニシノコトダマの例は、試行錯誤して下した判断が結果的に結びつかなかったという典型的な例として紹介しています。今回こそ馬券には結びつきませんでしたが、考える力を養うこと、そして仮説を立てて検証して、また仮説を立てて検証して……というプロセスにこそ、価値があります。

　例えば、ニシノコトダマの前走は低レベルだったと仮定（仮定①）して、対戦メンバー

の次走を検証してみましょう。

仮定① ニシノコトダマの前走は低レベルだった

着順	馬名	次走成績
2着	プタハ	1人気13着
3着	コウユークロガヨカ	2人気13着
4着	スズノフブキ	12人気9着
5着	リトルモンスター	3人気8着
6着	セイウンデルレイ	12人気4着
7着	カシマフウリン	10人気6着

　一緒に走っていた馬の次走で馬券になった馬は0頭と、レースレベルの基準を考えると低レベルだったと言って良さそうです。ただし、上位陣があまりにもぼろ負けなのを見ると、実力以外の何か、それこそ疲労のようなものがあったのではないかと次のような仮定を立てることができます。

仮定② コースレコードに0.5秒差というハイペース決着の反動があった

着順	馬名	このレース以前の結果	その後の戦績
2着	プタハ	500万下を4→3→13→3→2着	
3着	コウユークロガヨカ	未勝利を0.7秒差で勝ち上がる （2着馬は次々走勝ち上がり）	
4着	スズノフブキ	500万下3着	2着（6人気）→2着（5人気）→2着（3人気）
5着	リトルモンスター	―	8着（3人気）→3着（3人気）
6着	セイウンデルレイ	―	4着（12人気）→13着（9人気）→4着（8人気）
7着	カシマフウリン	500万下を3着→4着	6着（10人気）→3着（11人気）→3着（9人気）

　相手関係を見ると、とても弱い馬たちが集まっていたわけではなさそうということがわかります。仮説はおおよそ合っていたという検証結果を得ることができます。ただし、これでは少し弱い検証結果です。たとえば、プタハは500万下で抜群の安定感で好走していましたが、全てのレースが低レベルだったという可能性も考えられるためです。

CASE STUDY 05

　では、さらなる検証をどのように行うかというと、これらの馬が次に出走してきた時の結果を見ていくのです。

　例えば出走してきた時にプタハが巻き返して好走、コウユークロガヨカも巻き返して好走したならば、先の考察通りニシノコトダマを買えば良いですし、他の4着以降の馬も狙ってみたら良い。はたまた、ニシノコトダマが巻き返して好走して、スズノフブキが巻き返して好走したならば、プタハやコウユークロガヨカを買えば良い。なにも全部取りに行こうとしなくても、仮説が正しいものと判断できてから馬券を買えば良いのですし、柔軟に狙う馬を変えれば良いわけです。

　今回もニシノコトダマを分析していたはずが、いつのまにかプタハやコウユークロガヨカが次走狙えるんじゃないだろうか？と思慮が膨らみ、選択肢も増えています。このようによく考えることで、可能性を広げることができるので、常に考えることがいかに大事か伝わると思います。

> **JUDGE** ニシノコトダマは重馬場巧者なので今回は狙えた。
> しかし、好走できなかったのは前走の反動の可能性がある。

Ⓓ エピックアンのU字コース／広いコース

　『穴パターン事典』で紹介したダートコースのマトリクスを参考に成績をまとめると、良

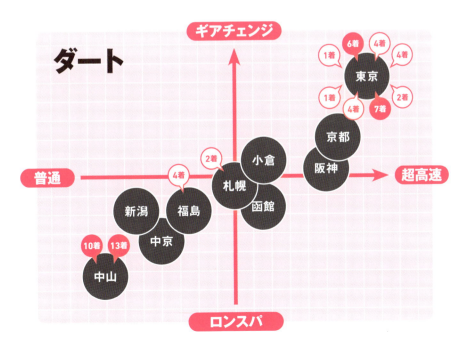

エピックアンの戦績

日付	レース名	コース	頭数	枠番	馬番	タイム	着差	位置取り	上り3F（順位）	人気	着順
2017.11.5	2歳新馬	東京ダ1600良	11	7	9	1.41.2	0.0	2　2	37.9（1）	1	1
2018.1.27	3歳500万下	東京ダ1600不	15	4	7	1.37.9	0.5	8　10	36.5（5）	10	6
2018.2.12	3歳500万下	東京ダ1600良	16	1	1	1.39.0	1.0	8　10	38.3（4）	9	4
2018.4.22	3歳500万下	東京ダ1600良	13	7	10	1.38.3	0.3	10　9	37.1（1）	5	4
2018.5.20	3歳500万下	東京ダ1400良	16	6	12	1.25.8	0.0	7　7	36.5（4）	2	1
2018.6.30	猪苗代特別(1000万下)	福島ダ1700良	15	4	6	1.46.5	0.8	7　7　5　7	37.0（3）	5	4
2018.8.5	大倉山特別(1000万下)	札幌ダ1700良	14	4	5	1.45.5	0.0	9　9　4　2	38.0（3）	5	2
2018.10.28	三峰山特別(1000万下)	東京ダ1600良	15	4	7	1.38.0	0.7	12　10	36.9（4）	9	4
2018.12.2	チバテレ杯(1000万下)	中山ダ1800良	15	2	3	1.54.5	1.2	3　4　5　4	38.1（12）	1	10
2019.2.11	4歳以上1000万下	東京ダ1600良	16	2	4	1.39.0	1.1	11　12	37.9（6）	6	4
2019.3.9	4歳以上1000万下	中山ダ1800稍	16	7	13	1.55.2	1.5	12　11　5　4	40.7（13）	7	13
2019.4.21	4歳以上1000万下	東京ダ1600良	16	4	8	1.37.5	0.1	10　10	36.1（1）	6	2

績がどこに集まっているかは自明の理です。ダート戦でも芝戦でもこのマトリクスを意識して良績を残している箇所を分類することで、馬の適性がどこにあるのかを判断することができます。

　東京に良績が集まっていることはもちろんのこと、東京では人気薄での激走が多々見られるという点もこの馬の評価としては忘れてはいけないでしょう。人気時はしっかりと勝ち切り、人気薄時は人気が10-9-5-9-6-6でありながら結果は6-4-4-4-7-2で、惜しい4着が何度もあります。

　とくに基本に戻ってハイレベルレースを探してみると、5走前にあたる2018年10月の三峰山特別（9番人気4着）がハイレベルでした。このレースでエピックアンに先着した3頭のその後の成績は、3着フォーカード（1000万下勝ち）、2着トワイライトタイム（1600万下3着）、1着スウィングビート（1600万下2着／同日夏至Sで1600万下勝ち）という内容でした。ハイレベルレースを4着に好走した馬が、苦手な中山を二度挟んだことで人気が急転直下。前走は6番人気で買えるという結果でした。

　ただ、そこで狙うことができなくても、今回の清里特別でも5番人気で出走してきたわけですから、ここで狙うということも可能でした。そこでも馬券を取ることができなかったら、また思考を転換して福島ダート替わりで人気を背負ったこの馬を消しましょう。次走の福島ダ1700mでは実際に2番人気6着と人気を裏切ることとなりましたが、このようにストーリーでこの馬を追っていけば、"買い"のタイミングではないことが明白だったはずです。

　これで多くの方は「期待を裏切られた！」という印象を強く持つので、次に東京に出てきたらまた中穴人気くらいで買えます。もっと先のストーリーを読んで、9月は中山開催があるので、そこでもう一度凡走し、人気を落とした後の10月東京で狙う！とあらかじ

CASE STUDY 05

め決めておくことで、次の中山でのレースは人気していてもこの馬を押さえようといったようなブレはなくなりますし、反対に10月の東京に出走してきた際には、どんなに人気がなかろうが、自信を持ってこの馬を買うことができます。馬券購入者のマインドは非常にやっかいで、「いらないと思うけど人気してるから押さえとこうかな……」や、「自信あるんだけど、人気なさすぎて不安……」といった、みんなの意見とズレていて大丈夫かな？という集団心理の魔の手に吸い寄せられてしまいがちです。それを防ぐためにも、あらかじめストーリーを考えることは非常に重要な自己意識の形成に繋がります。

JUDGE **エピックアンは東京ダート実績があり、5走前もハイレベル。前走で穴をあけているが、5番人気なら妙味あり。**

2019年6月23日　東京9R　清里特別　ダ1400m重

着		馬名	性齢	斤量	騎手	タイム	位置取り	上がり	人気
1	8⑯	サトノギャロス	牡3	54	川島信二	1.23.0	9-10	35.2	1
2	7⑬	エピックアン	牡4	57	田辺裕信	1.23.1	12-10	35.3	5
3	3⑤	デンバーテソーロ	牝3	52	木幡巧也	1.23.2	2-2	36.3	8
4	4⑧	トラストロン	牝4	55	藤田菜七子	1.23.6	9-7	36.0	12
5	2④	ヒルノサルバドール	牡6	57	田中勝春	1.23.6	1-1	36.9	3
6	2③	ミスパイロ	牝5	55	松岡正海	1.23.6	13-13	35.5	6
7	6⑫	ニシノコトダマ	牡3	54	嶋田純次	1.23.7	7-7	36.2	9
8	5⑩	ミフトゥーロ	牝4	55	西田雄一	1.23.7	4-5	36.4	15
9	7⑭	アルーアキャロル	セ6	57	津村明秀	1.23.9	9-10	36.2	4
10	6⑪	サンライズフルメン	牡4	57	松若風馬	1.23.9	15-13	35.7	11
11	5⑨	エングローサー	牡4	57	戸崎圭太	1.24.2	16-16	35.8	2
12	1②	コスモビスティー	牡4	57	柴田大知	1.24.6	6-5	37.3	10
13	3⑥	ケイアイビリジアン	牡3	54	大野拓弥	1.24.6	2-3	37.5	7
14	8⑮	アオイサンシャイン	牝6	55	内田博幸	1.24.6	7-7	37.0	14
15	1①	トークフレンドリー	牡4	57	中井裕二	1.25.1	4-3	38.0	13
16	4⑦	ブリクスト	牡7	57	菊沢一樹	1.25.5	13-13	37.3	16

単勝210円　複勝140円 290円 570円　枠連640円　馬連1,260円
ワイド540円 1,600円 5,500円　馬単1,480円　三連複17,950円　三連単45,940円

CASE STUDY 06

2019年7月13日 中京2R
3歳未勝利

ダ1900m重

穴パターンに当てはまりそうな馬をピックアップしましょう。※穴馬の定義は便宜上5番人気以下とします。

3走前

人気	枠・馬番	馬名	騎手
3人	1-1	メメランタン	武幸
7人	2-2	スキッピングロック	鮫島駿
15人	3-2	オーミサルーテ	国分優
8人	黒4	ヒラボクメルロー	小崎
11人	5-3	オーロペスカ	藤井
2人	赤6	ニホンピロハビアー	幸
1人	7-4	キタサンチャンドラ	西村淳
5人	青8	スパニッシュレディ	福永
14人	9-5	ヴァリオブキングズ	川又
9人	黄10	サイベリアン	岩田望
10人	11-6	メ ド ッ ク	松山
4人	緑12	メイショウモチヅキ	高倉
6人	13-7	アドマイヤコースト	和田竜
13人	橙14	ローザジルベルト	斎藤
16人	15-8	セイウンカイドウ	服部寿
12人	桃16	バンプファイア	松若

CASE STUDY 06

ヒント1	ヒント2	ヒント3
この開催の馬場は極端に内枠有利	中京コースのラップは減速→加速→減速	ハイレベルレースを戦ってきた馬は?

Memo

2走前	前走		Memo
2東①4·20 未勝利14ト**4** 三ダ2168 Mテムー56 0 M40.6-38.9④④⑤⑤外 ワンダーヴァ0.2 51412ｦ1人	3帳❶6·29 未勝利15ト**3** 无ダ2001 Mテムー56 C人 S38.2-37.8③④④④外 アイファーキ1.2 522 2ｦ3人	安定感はあり 0010	
1福①4·6 未勝利15ト**4** モダ1501 斎藤53 △ H37.1-40.7⑤⑥⑤④森 バーンスター2.0 45010ｦ4人	3京⑩5·19 未勝利16ト**8** 天ダ1574 四位56 △人 H38.1-41.2⑤⑥⑥⑤内 ヤンチャヒメ2.6 45610ｦ5人	立て直して警戒 0100	
3京①5·25 未勝利14ト**11** 天ダ1576 川須56 M38.1-40.2⑨⑨⑧④森 タケルライジ2.8 470 9ｦ12人	3阪⑧6·23 未勝利16ト**12** 天ダ1569 津谷53 M39.5-39.5⑫⑫⑩⑧森 エイシンヨツ2.8 478 1ｦ15人	今回も苦しいも 0000	
3阪①6·1 未勝利13ト**5** 芫外A2428 小崎54 △ S38.1-36.8⑪⑪⑨中 シャイニーブ1.7 46411ｦ9人	3京⑤6·15 未勝利13ト**5** 画外B2309 小崎54 △ M38.1-38.3⑦⑦⑥⑥外 メロディーレ2.1 46411ｦ6人	条件替えで 0000	
3阪②6·2 未勝利14ト**4** 三ダ2095 藤井56 C M37.5-39.8③③①②内 トゥプエデス0.5 49610ｦ10人	3京⑦6·22 未勝利16ト**11** 三ダ2100 藤井56 C人 M38.4-38.2④④④④外 シャンパンク1.7 496 5ｦ5人	流れたい乗り 0001	
3阪①6·1 未勝利13ト**2** 天ダ1571 武豊56 0 M39.6-38.3③③③②中 ウラノメトリ0.5 502 9ｦ1人	3阪⑧6·22 未勝利16ト**4** 天ダ1543 武豊56 人 M38.5-37.6⑤⑤⑤④内 エイシンヨツ0.2 504 3ｦ3人	上位へ崩れず 0101	
川崎❷6·11 ジュー交10ト**2** 画ダ1310 戸崎56 0 M40.0-38.9③③③②内 ゴールデンヘ 451 6ｦ1人	3帳❶6·29 未勝利15ト**2** 无ダ1589 西村淳54 人 S37.7-37.0⑤⑥⑤⑤森 アイファーキｦ 45615ｦ4人	3馬身に7着 0100	
兄ノーティカルマイル⑩ 兄シールート	3阪⑦6·22 未勝利18ト**8** 天外B1487 福永54 M36.6-36.9 ⑫⑪⑧外 ダイアナブラ1.2 500 6ｦ6人	初戦悪くなく 0000	
3阪③6·8 未勝利16ト**15** 芞外A2057 西村淳54 △ S39.4-37.4④④⑤⑤森 アドマイヤポ3.2 47214ｦ9人	3京⑦6·22 未勝利16ト**10** 三ダ2098 和田竜56 M38.1-38.5⑪⑩⑩⑨外 シャンパンク1.5 46211ｦ12人	この内容では 0000	
2京④2·3 新 馬16ト**5** 天外B1376 川田54 △ M36.6-36.2 ⑥⑥⑥森 アイラブテー0.7 424 6ｦ2人	3阪⑥6·16 未勝利14ト**9** 画外B1240 岩田望51 △ M36.4-36.3 ⑨⑦⑦外 モズハチキン1.9 432 5ｦ6人	この鞍うか 0000	
3阪③6·8 未勝利16ト**12** 芞外A2050 和田竜56 S38.6-37.8⑨⑧⑧⑩内 アドマイヤポ2.5 498 8ｦ10人	3京⑦6·22 未勝利16ト**7** 三ダ2094 松山56 M37.8-38.7⑨⑧⑦⑦森 シャンパンク1.1 49810ｦ13人	前走で敗定が 0000	
3阪②6·2 未勝利14ト**3** 三ダ2092 高倉56 △ M37.9-39.0⑦⑦⑤⑥内 トゥプエデス0.2 476 5ｦ6人	3京⑦6·22 未勝利16ト**4** 三ダ2086 高倉56 0 M37.5-38.2⑦⑦⑤⑥外 シャンパンク0.3 480 3ｦ3人	位置争い順調 0001	
5京⑧11·25 未勝利12ト**2** 芞外C2021 岩田康55 △ S37.6-35.3⑨⑨⑧⑥内 ヒルノダカー0.4 478 6ｦ4人	3阪⑤6·15 未勝利13ト**12** 天ダ1574 和田竜56 人 H36.7-42.9②②②③内 オーマオ3.0 488 5ｦ1人	いたが久々叩く 0000	
2帳⑤3·23 未勝利16ト**13** 无ダ2048 斎藤53 M38.9-40.1⑤⑤⑥⑦外 ローザノワー2.3 438 9ｦ10人	3阪❺6·15 未勝利10ト**8** 画ダ1290 西村淳54 H36.7-39.9 ⑦⑦⑨中 ボンディマン3.0 440 13ｦ6人	前走過ぎ負け 0002	
3京⑨5·18 未勝利16ト**16** 天ダ2069 津谷53 M38.4-41.3⑧⑧⑪⑭中 イグナーツ3.4 50215ｦ16人	3京⑫5·26 未勝利14ト**13** 画外D2300 中井56 M37.2-36.0⑭⑬⑭⑭内 ゴットフルー3.0 490 5ｦ14人	敗ばかりで定 0002	
2阪⑥4·7 未勝利16ト**3** 天ダ1567 戸崎56 ▲ M39.8-38.7③⑭⑪⑨森 オメガ1.3 492 1ｦ3人	3東❽6·23 未勝利11ト**7** 三ダ2154 藤田菜53 人 S38.5-39.4⑤④④⑤森 ボヘミアラブ3.0 494 4ｦ7人	叩き前進可能 0000	

©競馬ブック

7/13 中京2R の 予想手順

前ページの馬柱から穴パターンに該当しそうな馬は、以下の4頭です。

Ⓐ スキッピングロックの中京ダート適性
Ⓑ ヒラボクメルローのダート替わり
Ⓒ アドマイヤコーストのダート替わり

 穴馬　**Ⓐ スキッピングロックの中京ダート適性**

　中京ダートならびに新潟ダートコースは、時に反則的に前が止まらなくなることで有名です。そのトリガーとなる要因の一つが降雨による馬場の高速化。とくに梅雨の時期と開催がモロに被る夏場の中京は雨の影響を受けやすいので、偏った傾向が出やすくなります。
　2019年の夏の中京は週末に雨が集中した影響もあり、開催を通して内枠の馬が大活躍。この開催で重・不良だったときの1枠・2枠の成績は以下の通りでした。

1枠

日付	R	馬名	人気	着順
19.06.29	2R	アイファーキングズ	1	1
19.06.29	3R	ナムラマッチェリ	2	1
19.06.29	3R	ノーブルワークス	3	3
19.06.29	6R	セデックカズマ	4	3
19.06.29	8R	バーンスター	8	1
19.06.29	11R	メイプルブラザー	9	1
19.06.30	10R	アスクハードスパン	13	3
19.06.30	12R	ダイシンクローバー	2	3
19.07.06	2R	タガノファジョーロ	3	1
19.07.13	2R	スキッピングロック	7	1
19.07.13	2R	メメランタン	3	3
19.07.13	3R	オースミムテキ	1	1
19.07.13	12R	ダイシンクローバー	1	1
19.07.13	12R	ブライトエンパイア	6	3
19.07.14	3R	サンライズアカシア	2	3
19.07.14	11R	スマハマ	1	1
19.07.20	2R	レッドシルヴァーナ	2	2
19.07.20	11R	ビックリシタナモー	8	2

2枠

日付	R	馬名	人気	着順
19.06.29	2R	メメランタン	3	3
19.06.29	6R	ワンダークラッシー	5	2
19.06.29	8R	カリンカ	5	3
19.06.29	11R	ドラゴンカップ	3	2
19.06.30	3R	イルフェンレイユ	7	2
19.06.30	12R	ダノンコスモス	5	2
19.07.06	2R	エイシンボールディ	2	2
19.07.06	3R	クリー	1	2
19.07.06	10R	スペリオルシチー	9	1
19.07.07	2R	ピクシーメイデン	2	2
19.07.07	2R	ヴィヴァンフィーユ	3	3
19.07.14	3R	マイサンシャイン	3	2
19.07.14	8R	ウラノメトリア	4	2
19.07.14	11R	ローズプリンスダム	9	3
19.07.20	3R	ハクサンカイザー	1	3
19.07.20	7R	コラード	15	3
19.07.20	11R	マルカソレイユ	12	1

【1枠】単回収率:184%　複回収率:129%
【2枠】単回収率:119%　複回収率:130%

　正確にいえば、ラチ沿いを走れた馬が恵まれたので枠で全てを測れるわけではないですが、この数字の偏りと結果を見れば、この開催は完全に内枠が恵まれていたことが明らか。もうおわかりだと思いますが、この好成績に一役買っていた1頭が今回分析するスキッピングロックでした。

　まずダート1900mという距離は日本で京都と中京コースでしか開催がなく、両者は周回方向が違います。また、中京コースはスパイラルカーブの影響で減速→加速→減速というラップを刻む特殊なコースです。そのため、このような特殊なコースにおいては、まず同コースでの実績の有無が大きなファクターとなりやすいです。

　今回のレースでも中京ダート1900mで好走歴がある馬はスキッピングロック、メメランタン、キタサンチャンドラの3頭で、1枠に入ったスキッピングロックとメメランタンが1、3着だったのは、このファクターの重要性を端的に示しているでしょう。

　その次に、当レース時のレースレベルを確認すると、4走前の同舞台でスキッピングロックに勝った馬（キャメロン）はその次走で500万下2着、3走前は2着馬（スナイプ）が次走であっさり勝ち上がり、3着馬（ゲンパチルシファー）も次走であっさり勝ち上がり、さらに500万下も勝ち上がり済みでした。2走前は2着馬（スマートフルーレ）が500万下2着、勝ち馬（バーンスター）も500万下勝ち上がりと、スキッピングロックは戦ってきた相手が悪すぎたと言えます。この馬が7番人気でかつ、好走歴のある中京ダ1900m、かつ内枠が圧倒的に有利な馬場に出走してきたら「狙うしかない！」という状況でした。

スキッピングロックと比較対象馬の成績

スキッピングロックの戦績

日付	レース名	コース	頭数	枠番	馬番	タイム	着差	位置取り	上り3F(順位)	人気	着順
2018.10.28	2歳新馬	京都芝1600良	15	7	13	1.36.6	0.7	9 6	35.6(3)	1	3
2018.11.24	2歳未勝利	京都芝1600良	12	6	7						外
2019.1.13	3歳未勝利	京都芝1600良	16	7	14	1.36.4	0.9	5 5	37.2(7)	6	8
2019.1.26	3歳未勝利	中京ダ1900良	11	6	7	2.04.0	1.0	4 4 4 4	39.3(2)	3	2
2019.2.24	3歳未勝利	小倉ダ1700稍	16	2	4	1.48.4	0.9	6 7 7 6	39.1(6)	3	4
2019.4.6	3歳未勝利	福島ダ1700良	15	6	10	1.50.1	2.0	5 6 5 4	40.7(5)	4	4
2019.5.19	3歳未勝利	京都ダ1800良	16	5	10	1.57.4	2.6	9 9 6 7	41.2(12)	5	8

　ラップの観点でもう少し掘り下げると、京都ダ1800mでの大敗は、後半5Fが12.8 - 12.7 - 12.6 - 13.2 - 13.9というラップのレースで、中盤がタイトな競馬になったことが原因です。この区間でのラップ加減速は-0.1 → -0.1 → 0.6 → 0.7なので、かなり消耗度が高いレースでした。中京ダートはスパイラルカーブの影響でそうはならず、4走前の好走時を見ても、13.3 - 13.7 - 13.8 - 12.4 - 12.7で、ラップ加減速は0.4 → 0.1 → -1.4 → 0.3となっています。つまり、スキッピングロックは消耗戦が苦手で、ギアチェンジ戦が得意だと言えます。

　結果的に、今回のレースも12.8 - 12.5 - 13.0 - 12.7 - 12.9で、ラップ加減速は-0.3 → 0.5 → -0.3 → 0.2でした。ギアチェンジ戦が得意な馬ですから、この好走は当然ですよね。

　とはいえ、ここまでの分析をするのは作業量的に現実的ではありません。そのため同じ質の競馬になりやすい同コースでの実績で評価するという方法が最もコストパフォーマンスが良いでしょう。

　統計で出したわけではないので、あくまで余談ですが、ダートで中盤からペースが上がった消耗戦の時は【芝もダートも走れる種牡馬の産駒】が大きく敗退することが多いと感じます。芝ダ両刀の種牡馬の産駒は、芝も走れるスピードを備えつつダートもこなせるパワーを持つ反面、どちらかの要素に偏った際に脆さを見せるのだと仮説を立てています。

スキッピングロックの4～2走前はハイレベル。今回は好走歴のある中京ダ1900mかつ内枠有利の馬場なので買い。

Bヒラボクメルローのダート替わり

　ヒラボクメルローについては内枠が圧倒的有利な条件、レースレベルが下がっている7月の未勝利戦での初ダート挑戦、モンテロッソという芝ダート両刀の種牡馬の産駒、そし

CASE STUDY 06

て8番人気と人気薄……いかにも買い要素が揃っている形でした。しかし、私がこの馬を押さえまでの評価しかしなかったのは下記の2点が理由です。

①ダートの牡牝混合戦であること
②モンテロッソ産駒は道悪ダートが不得手であること

①ダートの牡牝混合戦であること

ダートにおける牡馬・牝馬の成績はこちらのようになっています。

芝	総数	勝率	連対率	複勝率	単回収率	複回収率
牡馬	75133	7.7%	15.3%	22.8%	70	72
牝馬	60028	6.4%	13.0%	19.6%	71	71

ダート	総数	勝率	連対率	複勝率	単回収率	複回収率
牡馬	88730	7.5%	14.9%	22.2%	78	76
牝馬	50370	5.8%	11.7%	17.8%	67	68

集計期間：2014年〜2019年9月

　芝では牡馬・牝馬による成績の差はほとんどありませんが、ダートでは牡馬・牝馬で大きな差が出ます。芝と比較すると牡馬は単勝回収率、複勝回収率ともに5％ほどアップさせ、反対に牝馬は5％ほどダウン。その結果、両者で10％もの差がでてしまいます。そのため、ダートの牡牝混合戦においては、牝馬は軽視するというのが長い目で見たセオリーです。長い目で見たセオリーという意図は、不要なマイナスを防ぐということです。なぜならば、牝馬を買うことで全体の回収率を上げることは非常に難しいからです。
　80％→90％にすることは1.1倍程度で達成できますが、60％→90％にすることは1.5倍程度必要になります。全部買えば60％になる牝馬の中から選りすぐって回収率90％を達成させることの難しさは、説明するまでもなくわかるでしょう。

②モンテロッソ産駒は道悪ダートが不得手であること

　競馬におけるデータは、安直に使うとドツボにはまる可能性があります。
　たとえば、○○○○の時の△△△△は［3-4-5-6］、単回収率110％などといったデータに従いそのまま買うと、マイナス域に突入したりすることはザラです。
　そもそも、データをうまく使おうとした時には回収率＝オッズ×好走率であることを理解して使う必要があります。血統データで道悪の得手不得手を評価しようとした際には、

良馬場・重馬場でのデータセットを用意し、好走率と回収率を用意することで、上記方程式よりオッズの算出をすることができます。そうすることで、真に道悪でパフォーマンスを上げる種牡馬を割り出すことができます。

　例えば、プリサイスエンド産駒は良馬場→重馬場になることで、全ての成績が上昇。このことから、良馬場が嫌い時で、重馬場が買い時だということがわかります。

プリサイスエンド産駒のダート・馬場状態別成績 (2014年～2019年9月)

	勝率	連対率	複勝率	単回収率	複回収率
良馬場	6.4%	12.7%	19.7%	76	63
重 / 不良馬場	7.9%	14.0%	22.8%	159	118
差分	-1.5	-1.3	-3.1	-83	-55

　上記は顕著な例ですが、当然キングカメハメハ産駒のように、好走率に変化はあるものの、回収率が逆転している例もあります。

キングカメハメハ産駒のダート・馬場状態別成績 (2014年～2019年9月)

	勝率	連対率	複勝率	単回収率	複回収率
良馬場	9.3%	17.7%	26.5%	80	83
重 / 不良馬場	11.5%	20.5%	27.3%	90	77
差分	-2.2	-2.8	-0.8	-10	6

　キングカメハメハ産駒は道悪になると好走率を上げるということは事実ですが、好走率の上昇以上にオッズが下がってしまい、【回収率＝オッズ×好走率】において、回収率が上がらなくなってしまっているということを指しています。

　統計データは母数が多ければ多いほど信憑性を持つので、競馬においては1着だけの単勝回収率よりも3着まである複勝回収率のほうがブレの少ないデータとなります。キングカメハメハの場合は、道悪になることで我々馬券購入者が過剰に期待をしてしまっている状態にあるということがわかります。

　パリミュチュエル方式であるがため、キングカメハメハ産駒の例のように、好走率が示す「得手／不得手」の事実と「儲かる／儲からない」は別です。そのためあくまでこの表は産駒の傾向として道悪でパフォーマンスを上げるかどうか、そして過剰に人気を集めていないかを知ることができるだけであるということを理解してください。決してそのままベタ買いすれば儲かる！といった類のデータではありません。

　では、ヒラボクメルローの父であるモンテロッソはどうでしょうか。モンテロッソ自身は2011年のドバイWC（AW2000m）で12番人気3着、2012年には10番人気1着と二度も人気薄で好走しています。芝とオールウェザーで活躍した馬であるにも関わらず、なぜかダートもこなせる種牡馬というイメージが強いようですが（2017年～2019年9月の出

CASE STUDY 06

走数は、芝304回、ダート234回)、産駒の好走率・回収率を見ると完全に芝種牡馬です。

モンテロッソ産駒のダート・馬場状態別成績(2017年〜2019年9月)

	勝率	連対率	複勝率	単回収率	複回収率
良馬場	5.0%	8.6%	13.7%	61	48
重/不良馬場	2.3%	2.3%	4.5%	48	33
差分	2.7	6.3	9.2	13	15

	勝率	連対率	複勝率	単回収率	複回収率
芝	6.3%	14.5%	22.7%	125	83

　サンプル数は少ないですが、ダート(重・不良)では[1-0-1-42/44]と2回しか馬券に絡んでおらず、良馬場時と比較しても全ての成績が低下していることがわかります。この結果から、モンテロッソ産駒はダートの道悪では買えないという判断ができます。

> **JUDGE** ヒラボクメルローの初ダートは一見狙えそうだが、ダートでの期待値を下げる要素があるため狙えない。

ⓒアドマイヤコーストのダート替わり

　続いてアドマイヤコーストの父キングカメハメハは、先ほどの例にも挙げたように重馬場になることで成績は上げるものの過度な人気を背負ってしまうということがわかりました。しかし、今回は過度な人気を背負わず、6番人気。前走の初ダートは前半3F36.0(開催最速)前半4F48.0(開催最速)のレースを先行してしまいバテた結果(前潰れの差し決着で1番人気12着)で、前走は度外視できます。さらに、インしか好走できない馬場という点も、先行することができるために大きな不利はないとして狙えると判断しました。

　結果的には出遅れて、中団で大外を周りながら捲りの競馬になってしまい、イン有利の馬場でこの競馬が通用するはずもなく敗退してしまいました。ダートでの2戦はどちらも敗因が明確なので再度ダートを試したら狙いたいと思っていましたが、その後は芝を2戦して、残念ながら9月に抹消されてしまいました。

　このように分析をしていくことでそれぞれの馬の特徴が見えてくるでしょう。

> **JUDGE** アドマイヤコーストの前走はハイペースを先行してバテた結果であり、今回の内有利馬場を先行できれば好走できる。

2019年7月13日　中京2R　3歳未勝利　ダ1900m重

着		馬名	性齢	斤量	騎手	タイム	位置取り	上がり	人気
1	1 ②	スキッピングロック	牡3	56	鮫島克駿	2.00.3	9-7-9-6	37.7	7
2	3 ⑤	オーロペスカ	牡3	56	藤井勘一郎	2.00.8	5-5-7-5	38.4	11
3	1 ①	メメランタン	牡3	56	M.デムーロ	2.00.8	3-3-4-3	38.8	3
4	3 ⑥	ニホンピロハビアー	牡3	56	幸英明	2.01.2	5-5-3-3	39.4	2
5	4 ⑦	キタサンチャンドラ	牡3	54	西村淳也	2.01.2	1-1-1-1	39.5	1
6	6 ⑪	メドック	牡3	56	松山弘平	2.02.1	13-13-13-8	39.3	10
7	5 ⑩	サイベリアン	牝3	51	岩田望来	2.02.1	2-2-2-2	40.4	9
8	6 ⑫	メイショウモチヅキ	牡3	56	高倉稜	2.02.2	16-16-14-15	39.3	4
9	7 ⑬	アドマイヤコースト	牡3	56	和田竜二	2.02.9	10-10-5-6	40.7	6
10	5 ⑨	ヴァリオブキングズ	牡3	55	川又賢治	2.02.9	12-12-16-11	39.8	14
11	2 ④	ヒラボクメルロー	牝3	54	小崎綾也	2.03.2	7-7-7-8	40.8	8
12	7 ⑭	ローザジルベルト	牡3	53	斎藤新	2.04.5	7-7-9-11	41.9	13
13	8 ⑮	セイウンカイドウ	牡3	53	服部寿希	2.04.5	13-13-11-11	41.8	16
14	2 ③	オーミサルーテ	牡3	56	国分優作	2.04.6	10-10-14-15	41.7	15
15	8 ⑯	バンプファイア	牡3	56	松若風馬	2.06.2	13-13-11-11	43.5	12
16	4 ⑧	スパニッシュレディ	牝3	54	福永祐一	2.08.1	3-3-5-10	45.9	5

単勝2,470円　複勝700円 1,900円 280円　枠連1,080円　馬連30,290円
ワイド7,200円 1,890円 4,610円　馬単67,930円　三連複73,780円　三連単570,300円

穴馬分解コラム **02**

未勝利戦のレベル低下と距離延長

2/9 小倉2R 3歳未勝利／タイサイ（9番人気2着）

短距離からの距離延長のポイントは以下のようになっています。実際にタイサイが出走したレース映像をみるとわかりやすいので、映像を確認しながら読んでみてください。

短距離からの距離延長で狙える馬の特徴

A ゲートは普通に出るが、そのあと前半2Fくらいで前と差ができる

B 道中早めからおっつけていて、手応えがないように見えるがそのままバテバテで終わるのではなく、終いはしっかり脚を使って追い込んできている

C 上がりは上位と変わりなく使えている

D **C**の中でもゴール前での伸びが特に良い

　タイサイの新馬戦（2018年6月16日 阪神5R）を見ると、上記ABCDのポイントすべてに該当しており、距離延長で狙いを立てようと決めていました。復帰戦は11月の福島ダ1700mでしたが、ここで発走除外となり、2月の小倉ダ1700mまでズレました。しかし、この一頓挫はある意味ラッキーでした。というのも、3歳未勝利戦は10、11月を境にレースレベルが下がっていく傾向があり、強い馬は次々と未勝利クラスを突破していくため、結果的に2月にまでもつれ込むと新馬戦時の6月や11月のメンバーよりも相手が軽くなるからです。それにもかかわらず、一気の距離延長＋前走除外というマイナスイメージのせいで人気を落とすので非常に狙いやすい馬となりました（実際に、除外になった11月の福島ダ1700mは、その後1着馬が3勝クラス2着、3着馬が2勝クラス1.1秒差圧勝するというハイレベルレースで、反対に2月の小倉ダ1700mは、その後連に絡んだのはカシノラウトのみという低調なメンバー構成でした）。

　また、タイサイの新馬戦を見ると、これまたハイレベルであることがわかります。出走メンバーの2月9日時点での成績を見ると、9着馬は2歳OP1着、2着馬は500万下1着、1、10着馬は500万下で2着、3、4着馬は未勝利戦1着となっていました。明らかに合わない1200m戦で弱くない相手に走ったわけですから、未勝利を突破するだけの能力はあると判断することが可能です。

　1200mでは追走がままならず勝負にならない位置まで下がっていたタイサイですが、1700mに距離延長したところ2番手と見事に先行することに成功。もともとゲートは出る馬だったので、当然といえば当然の結果といえますが、意外とこの事実は気づかれていないものです。

CASE STUDY 07

2019年7月6日 福島12R
3歳以上1勝クラス

ダ1700m 稍重

穴馬と消し候補の人気馬をピックアップしましょう。※穴馬の定義は便宜上5番人気以下とします。

5走前

人気	枠	馬番	馬名	騎手	人気
1人	白1	1	ノーベルプライズ	54 浦	3.8
15人	2	2	サンマルライバル	岩崎翼 57	40.7
13人	黒3	3	スリーミネルバ	菊沢 54	—
12人	4	3	アイヅヒリュウ	木幡巧 56	30.0
5人	赤5	5	オウケンスターダム	藤田菜 55.9	10.2
11人	6	4	タイセイカレッジ	津村 57	34.3
14人	青7	7	メイクグローリー	山田敬 54	—
3人	8	5	クリップスプリンガ	戸崎 57	6.7
6人	黄9	9	プレゼンス	野中 55	15.1
7人	10	6	レヴァンテ	横山典 57	13.4
10人	緑11	11	ケルベロス	木幡育 54	21.8
2人	12	7	トミケンエンデレア	田辺 57	3.4
4人	橙13	13	フラッグアドミラル	石橋脩 57	7.1
8人	14	8	ブリッツェンシチー	丸山 54	14.2
9人	桃15	15	ユイノチョッパー	内田博 57	14.8

CASE STUDY 07

ヒント① 基本はハイレベルレース探し

ヒント② 福島に替わることがプラスになる馬は?

ヒント③ 成長の兆しを見せた馬は?

4走前	3走前	2走前	前走	Memo
5東②11・4 新 馬14ト1	5中③12・8 500万下 13ト4	1中④1・13黒竹500 16ト10	天ダ1561 三浦56 1	5福⑤6・15 1勝券14ト2	更に上積み 昇余地 0102 0100
天ダ1412 三浦55	天ダ1554 三浦55	天ダ1561 三浦56	天ダ1376 三浦54	
2新⑦8・18 500万下 15ト	4帳⑤2・15 500万下 16ト15	2帳①3・9 500万下 16ト14	西ダ1264相田竜57B	後手平踏凡 0117 0002
歪ダ中止 杉原57	西ダ1286 松田57B	西ダ1273 黛 57B		
4帳①2・16 500万下13ト13	3中③3・24 牝500 16ト13	1福⑤4・20 500万下 16ト9	1新④5・5 500万下 15ト13	しくて変難 0011 1000
歪ダ1139 中谷55	歪ダ1135 柴山55	二ダ1098 木幡育52	歪ダ1129 木幡育52	
1新⑦5・19 500万下 15ト7	3東④6・10 500万下 16ト10	3福⑤11・17 500万下 15ト12	爪不安・放牧	凡と走久後々 0028 0001
天ダ1531 古田隼57	天ダ1383 戸崎57B	毛ダ1478 柴山57	もうひと追い欲しい	
1中⑦1・20 500万下 16ト11	1福②4・7 500万下 16ト5	1福⑥4・21 500万下 16ト3	2カ月半休養 推定馬体490	福島待って 0119 1014
天ダ1566 北村宏57	毛ダ1481 川又56	毛ダ1480 川又56	リフレッシュ・放牧 乗り込み入念	
4帳②2・16 500万下 13ト9	3中③3・24 500万下 13ト9	毛ダ1487 丸田57	2東⑧5・12 500万下 16ト12	計ち時足不 0007 1010
天ダ1554 井上敏55	天ダ1571 ミナリク57		歪ダ1200 大野57B	
1小③2・16 500万下 13ト9	西ダ1259竹之下57B	2阪⑦4・13 500万下 16ト15	3京⑤5・12 500万下 16ト15	近況残り 0018 0113
毛ダ1480竹之下57B		1中⑦1・20 500万下 16ト15	西ダ1262竹之下57B	
1福②4・7 500万下 16ト4	2東③4・27 500万下 16ト2	2東⑨5・18 500万下 16ト2	3東⑤6・15 1勝券 15ト3	千もじしでも上位 0321 0123
毛ダ1481 木幡巧56	西ダ1251 戸崎57	西ダ1265 戸崎57	西ダ1246 戸崎57	
2福④2・1 500万下 14ト2	4東⑧10・27 500万下 10ト6	3福④11・11 500万下 15ト9	去勢・放牧	当地成長あり 1010 0104
毛ダ1464 戸崎57B	三ダ2159 Cオド/57	毛ダ1484 戸崎57B	仕上がりマズマズ	
開中②12・19C 2 一組10ト1	2月12日生 地方成績 2 戦 2 勝 2 着 0 回 3 着 0 回	1東③2・11 500万下 16ト5	2東③4・27 500万下 16ト7	鵜進可能 で前 0002 0100
西ダ1300 占村57		西ダ1265 横山典57	西ダ1257 横山典57	
2札⑨9・2 500万下 13ト11	1東①1・26 500万下 16ト13	三ッ蔵A2031坂井瑠56	馬体調整・放牧 本調子には今ひと息	冬出新れみ味 1430 1334
天芝C1523菊沢55	天芝D1358 三浦57			
5帳⑫12・1 500万下 15ト6	1帳⑦1・20 500万下 16ト8	1福③4・13 500万下 14ト2	1新①4・27 500万下 10ト2	態い勢好整機 0205 0001
天ダ1534 野 中53	天ダ1565 勝 浦56	毛ダ1468 横山武56	天ダ1518 横山武56	
1中⑤1・14 500万下 16ト14	2帳②3・10 500万下 16ト7	1福④4・13 500万下 16ト2	1新⑥5・12 500万下 14ト4	入り出分粘く 0102 1003
天ダ1578 野 中54C	天ダ1545 横山武56C	毛ダ1474 木幡巧56C	天ダ1537 木幡巧56C	
2中①2・23 未勝利 16ト1	1福③3・30 500万下 16ト5	1福④4・14 500万下 12ト9	2東③4・27 500万下 15ト5	発め前進 0003 0000
天ダ1575 北村宏56	天ダ1556 内田博56	天ダ1564 戸崎56	天ダ1391 内田博56	
2帳④3・17 500万下 11ト2	3中④4・31 500万下 16ト9	1福⑥4・21 500万下 16ト9	馬体調整・放牧 仕上がり良好	集次第力で 0306 1101
天ダ1541 山田敬54BO	天ダ1568 大野57BO	毛ダ1499 長岡57BO		

©競馬ブック

7/6 福島12R の 予 想 手 順

『穴パターン事典』を参考に前ページの馬柱を見ると、穴馬2頭と消し候補の人気馬2頭が浮上します。

Ⓐレヴァンテの距離延長
Ⓑブリッツェンシチーのローカル替わり

Ⓒノーベルプライズの福島ダート替わり
Ⓓクリップスプリンガの成長

 Ⓐレヴァンテの距離延長

　間に芝ダ替わりや地方を挟んだ馬の評価の仕方は、レースレベル評価で以前一緒に走っていた馬の現在の成績を確認するのが定石です。レヴァンテは地方競馬で2勝し500万下への出走が可能になっているので、500万下で通用するかどうかを見ていきます。

レヴァンテの戦績

日付	レース名	コース	頭数	枠番	馬番	タイム	着差	位置取り	上り3F(順位)	人気	着順
2017.10.8	2歳新馬	東京芝2000良	11	7	9	2.05.2	1.3	8 8 8	33.8(3)	5	6
2018.8.12	3歳未勝利	新潟ダ1800良	15	7	13	1.54.8	0.0	2 2 2 2	38.2(1)	4	2
2018.9.1	3歳未勝利	新潟ダ1800不	15	7	13	1.54.8	2.2	2 2 2 2	40.1(8)	1	6
2018.11.1	C2二	園田ダ1400良	12	7	9	1.31.3	-1.0	2 2 1 1	39.5(2)	1	1
2018.11.23	C2一	園田ダ1400良	10	7	8	0.00.0	----				消
2018.12.19	C2一	園田ダ1400重	10	4	4	1.30.0	0.0	1 1 1 1	39.7(2)	1	1
2019.2.11	4歳以上500万下	東京ダ1400良	16	4	8	1.26.5	0.5	3 4	36.9(7)	6	5
2019.4.27	4歳以上500万下	東京ダ1400稍	16	4	7	1.25.7	0.8	4 3	38.0(9)	4	7

　未勝利時代に一緒に走っていた馬の評価をすると、3着以下を引き離し2着だった8月12日のレースでの勝ち馬ニシノベイオウルフはその後500万下で3着が一度あるものの、⑥⑤⑨⑬❸⑩⑫⑦⑩⑪⑧と苦戦続き。
　9月1日のレースで2.2差をつけられて勝たれたダンスメーカーも500万下で⑤⑧⑤⑨⑨と500万下で結果を残せていませんでした。それもそのはずで、3歳未勝利の9月となると長らくやってきた未勝利戦も最後の最後であり、強い馬はほぼほぼ勝ち抜けていってし

まっています。それまで何戦も走り勝ち上がれなかった馬なので、上のクラスで突然通用するというのは難しいでしょう。

このように相手関係を整理すると、レヴァンテは500万下で通用すると判断するにはかなり厳しい状況でしたが、何を評価されたか中央復帰戦で6番人気とかなり人気を集めていました。これはおそらくニシノベイオウルフに負けたレースが非常に印象的だったからでしょう。

2018年8月12日　新潟3R　3歳未勝利　ダ1800m良

着	馬名	性齢	斤量	騎手	タイム	位置取り	上がり	人気
1	⑥⑩ニシノベイオウルフ	牡3	56	田辺裕信	1.54.8	1-1-1-1	38.4	3
2	⑦⑬レヴァンテ	牡3	56	戸崎圭太	1.54.8	2-2-2-2	38.2	4
3	①①マイネルラッジョ	牡3	56	柴田大知	1.56.3	3-3-3-3	39.4	2
4	④⑦オーフルテソーロ	牡3	56	内田博幸	1.56.6	10-10-8-9	39.1	1

ギアチェンジに秀でた馬（レヴァンテ）と長く脚を使える馬（ニシノベイオウルフ）の差が顕著に出ていた例でした。逃げたニシノベイオウルフをレヴァンテが番手で追走という形で、4角を迎え、直線ではすぐにニシノベイオウルフに並び半馬身突き放しました。しかし、その後一度差したニシノベイオウルフに並ばれ、最後は完全に交わされてしまってゴール。

このレースのレヴァンテの上がり38.2に対してニシノベイオウルフは38.4で、実際にはレヴァンテの方が速い上がりで走っているにも関わらず、ゴール前ではニシノベイオウルフの方が差してきているわけです。この時の後半4Fのレースラップをみると、12.7 - 13.0 - 12.1 - 13.3となっており、レヴァンテが差したのは13.0-12.1の箇所。ギアチェンジに秀でるレヴァンテはここで一気に差を詰めましたが、最後の12.1-13.3と時計のかかる箇所でニシノベイオウルフに差し返されてしまうという結果でした。

　このことから、レヴァンテはギアチェンジに秀でる馬だということがわかります。その点が評価されて東京コース替わりで狙いをつける人が多かったのでしょう。実際に東京でのレースは直線を向いてからものすごく良い脚で進出してきたので、馬券内もありそうでしたが、最後は脚が止まってしまって5着でした。適性はドンピシャだったので、メンバーレベルから推量したように単純に能力が足りませんでした。

　今回は1400m→1700mへの距離延長。さらに長く脚を使うことが求められる福島中距離に替わりました。

　レースレベルから500万下で通用する下地はない馬で、東京コース替わりで最大限適性がはまって5着の馬が、適性のない舞台へ距離延長で出走してきたのですから、7番人気でも過剰人気でした。過剰人気といっているのはこの後に説明するブリッツェンシチーが8番人気でしたので、あきらかにこちらを買うべきレースだったからです。

JUDGE　レヴァンテが未勝利時代に一緒に走っていた馬は、その後苦戦続き。500万下で通用するとは言い難い。

Ⓑブリッツェンシチーのローカル替わり

　新馬戦ではのちに全日本2歳優駿3着のガルヴィハーラの2着、そこから5ヶ月ぶりに出走した未勝利戦では+30kgながらも完勝、その勝ち方ゆえに人気を集めた500万下でしたが、ここが超ハイレベルでした。次走勝ちが3頭なので、このレースは全体で3%しか存在しない稀有なレースであることがわかります。ブリッツェンシチーはこのレースで5着だったので、この時点でこの後余程のことがない限り勝ち上がることはほぼ確定的であるほどに相手が強力でした。当然この後狙いますが、この次走は最後方からの競馬に加えて4角では1番人気の馬に外に張られてしまって全く伸びずの敗戦。

　その後、東京ダ1600mでは芝スタートで行き脚がつかずに後ろからになりながら、残り1000m地点から一気にスパートをするというむちゃくちゃな競馬。それでもこれまで毎回後方からになっていたこの馬が押し出せば先行する行きっぷりを見せたことで、成長を感じさせる内容でした。

CASE STUDY 07

2019年3月23日　中山6R　3歳500万下　ダ1800m良

着順	馬名	その後の成績
1着	ハヤヤッコ	のちにレパードS勝ち
2着	ゴルトマイスター	2勝クラスを0.7秒差圧勝
3着	ハヤブサナンデクン	鳳雛S3着、1・2着は2勝クラス1.1秒圧勝のリワードアンヴァルと関東オークス2着のマドラスチェック
4着	カナシバリ	次走500万下勝ち、2勝クラス6着
5着	ブリッツェンシチー	

次走勝利頭数で見るレース割合

次走勝利馬数	該当レース	割合
0 頭	397	46.5%
1 頭	301	35.3%
2 頭	122	14.3%
3 頭	26	3.0%
4 頭	7	0.8%

※2015年6月〜2018年3月の新馬戦の、2着以下馬の次走で集計。

「穴パターン事典」から引用

　補足ですが、行きっぷりが悪く、後方からの競馬になる馬が先行することができた次走は穴パターンの1つとして優秀です。なぜ次走かというと、まず大前提で行きっぷりが良くなるタイミングを馬券購入者側は解り得ませんし、なおかつ前にいくことで前半に脚を使う展開に慣れていなかったり、揉まれてしまう競馬に慣れていなかったりするためです。
　このむちゃくちゃな競馬をして5着だった500万下もハイレベルな一戦でした。

2019年4月27日　東京6R　3歳500万下　ダ1600m稍重

着順	馬名	その後の成績
1着	アシャカトブ	ユニコーンS6着
2着	ロマンティコ	未出走
3着	バンブトンハート	500万下2着
4着	レトロフィット	1勝クラス勝ち上がり
5着	ブリッツェンシチー	
6着	タイセイビルダー	500万下3着(12番人気)
9着	セイカヤマノ	500万下2着(12番人気)

ブリッツェンシチーより下の着順のタイセイビルダー、セイカヤマノがその後のレースで穴をあけており、上位陣も4着馬レトロフィットが勝ち上がり、3着馬バンブトンハートが2着、勝ち馬アシャカトブがGⅢユニコーンSで6着と走っていました。

　この結果から、メンバーのそろっている中央場からローカルに替わり、多少出遅れても押して出せばある程度のポジションにつけられる外枠を引いたとなれば、この馬を買うことは容易だったはずです。8番人気ながら0.5秒差をつけて勝ち上がったのは、ここまで分析した今では当たり前のように思えるのではないでしょうか。

> **JUDGE** ブリッツェンシチーの3走前と前走はハイレベルレース。メンバーが手薄なローカルに替わるここは絶好の狙い目。

人気馬 Ⓒノーベルプライズの福島ダート替わり

　新馬戦を強い勝ち方で勝利したあと、2戦目3戦目は中山で大敗……その後人気を落として東京戻りで穴をあけるという形の戦績で、中山⇄東京の適性の違いによる成績の偏りが顕著な馬です。

ノーベルプライズの戦績

日付	レース名	コース	頭数	枠番	馬番	タイム	着差	位置取り	上り3F(順位)	人気	着順
2018.11.4	2歳新馬	東京ダ1600良	14	6	10	1.41.2	-0.5	5 4	37.1(1)	2	1
2018.12.8	2歳500万下	中山ダ1800良	14	8	14	1.55.4	0.8	13 13 11 7	39.5(1)	4	4
2019.1.13	黒竹賞(500万下)	中山ダ1800良	16	4	7	1.56.1	1.8	11 11 10 11	39.9(6)	8	10
2019.6.15	3歳以上1勝クラス	東京ダ1600不	16	2	3	1.37.6	0.3	4 3	37.1(6)	6	2

　種牡馬ごとの東京ダートと他場ダートの成績比較をしたものが右図になります。

　ダイワメジャー産駒は本来東京ダートへの適性が低い種牡馬です。このデータは確かに未知のものを評価する上では非常に有効なのですが、最終段階は馬個別での判断になるので要注意です。

馬名	東京ダートの数字 − 他場ダートの数字				東京ダート回収率		他場ダート回収率	
	勝率	複勝率	単勝回収値	複勝回収値	単勝回収値	複勝回収値	単勝回収値	複勝回収値
ダイワメジャー	0.10%	-2.70%	-15	-21	56	48	71	69

種牡馬ごとの東京ダートと他場ダートの成績比較

馬名	東京ダートの数字 − 他場ダートの数字				東京ダート回収率		他場ダート回収率	
	勝率	複勝率	単勝回収値	複勝回収値	単勝回収値	複勝回収値	単勝回収値	複勝回収値
アイルハヴアナザー	-0.40%	-2.70%	10	-14	119	80	109	94
アグネスデジタル	-2.40%	-7.20%	-12	-25	60	51	72	76
アドマイヤムーン	-0.20%	-0.70%	-3	40	36	97	39	57
アポロキングダム	-3.60%	-8.20%	-53	15	36	97	89	82
アルデバラン 2	-3.60%	-8.70%	-126	-17	21	66	147	83
ヴァーミリアン	3.30%	2.60%	4	-3	75	76	71	79
ヴィクトワールピサ	-3.90%	-4.20%	-47	-7	7	55	54	62
エイシンフラッシュ	-1.30%	-1.20%	-66	-3	14	80	80	83
エスポワールシチー	-2.30%	3.00%	-54	17	48	102	102	85
エンパイアメーカー	-0.30%	-1.20%	-27	1	60	83	87	82
オルフェーヴル	-5.40%	-14.60%	-33	-41	28	30	61	71
カジノドライヴ	-1.40%	-1.80%	-41	9	42	107	83	98
カネヒキリ	-1.60%	-3.00%	-5	-13	72	61	77	74
キングカメハメハ	-1.80%	1.20%	-22	14	61	96	83	82
キングヘイロー	0.10%	-0.30%	-3	-26	47	68	50	94
キンシャサノキセキ	-0.80%	-1.00%	-7	-8	69	73	76	81
クロフネ	-0.20%	-2.30%	-2	3	69	73	71	70
ケイムホーム	2.40%	0.20%	47	15	141	86	94	71
ゴールドアリュール	1.20%	-0.60%	30	-2	115	74	85	76
サウスヴィグラス	-2.30%	-4.60%	-25	-11	67	70	92	81
サマーバード	4.10%	2.90%	16	-12	84	83	68	95
シニスターミニスター	0.80%	2.90%	-15	-2	102	102	117	104
シンボリクリスエス	1.00%	-0.10%	9	-4	67	67	58	71
スウェプトオーヴァーボード	0.30%	-0.80%	30	0	78	63	48	63
スクリーンヒーロー	0.70%	-5.00%	-19	-34	94	61	113	95
スズカマンボ	0.80%	-2.10%	-14	-12	108	109	122	121
ステイゴールド	-1.10%	-1.00%	-40	-7	35	57	75	64
ストリートセンス	-8.70%	-10.70%	-71	-32	3	32	74	64
スマートファルコン	0.10%	-3.20%	-31	-3	51	82	82	85
ゼンノロブロイ	0.60%	7.50%	-41	22	109	84	150	62
タートルボウル	-1.60%	-2.90%	8	28	65	119	57	91
タイキシャトル	-0.70%	-0.80%	-5	-2	56	57	61	59
タイムパラドックス	-2.30%	-2.80%	-42	-6	14	58	56	64
ダイワメジャー	0.10%	-2.70%	-15	-21	56	48	71	69
ディープインパクト	-0.50%	-0.80%	-3	19	62	91	65	72
ディープブリランテ	-4.50%	-7.40%	-78	-35	147	63	225	98
トーセンホマレボシ	-0.40%	14.00%	-25	108	50	156	75	48
トビーズコーナー	2.10%	6.30%	45	-8	119	75	74	83
ネオユニヴァース	-0.20%	-2.60%	0	-21	71	56	71	77
ノヴェリスト	1.60%	7.30%	-6	12	38	53	44	41
ハーツクライ	-0.90%	-2.90%	71	21	142	92	71	71
ハードスパン	4.50%	1.00%	-1	-29	103	58	104	87

馬名	東京ダートの数字 − 他場ダートの数字				東京ダート回収率		他場ダート回収率	
	勝率	複勝率	単勝回収値	複勝回収値	単勝回収値	複勝回収値	単勝回収値	複勝回収値
パイロ	0.50%	-1.20%	16	-12	87	67	71	79
バトルプラン	-0.20%	-0.70%	-36	-20	35	90	71	110
ファスリエフ	-1.20%	4.50%	-7	95	69	170	76	75
ブラックタイド	-1.00%	1.60%	-47	1	31	73	78	72
フリオーソ	-1.50%	-2.20%	-7	-4	62	59	69	63
プリサイスエンド	-0.70%	0.80%	-12	-1	97	75	109	76
フレンチデピュティ	0.90%	2.00%	-18	-36	61	54	79	90
ヘニーヒューズ	3.10%	-2.40%	1	8	113	98	112	90
ホワイトマズル	2.20%	-2.50%	41	-12	23	52	-18	64
マンハッタンカフェ	-0.80%	0.70%	-21	3	43	71	64	68
メイショウサムソン	0.80%	-0.70%	43	-19	108	54	65	73
メイショウボーラー	-1.70%	-2.50%	-23	-5	48	62	71	67
ヨハネスブルグ	-4.60%	-6.30%	-50	2	17	97	67	95
ルーラーシップ	-1.90%	-1.70%	0	-11	71	59	71	70
ローエングリン	0.30%	2.10%	17	2	82	57	65	55
ロージズインメイ	0.50%	-1.50%	-68	-22	83	57	151	79
ロードカナロア	2.60%	-1.30%	25	-9	99	73	74	82
ワークフォース	-1.50%	0.70%	-40	10	13	66	53	56

　ノーベルプライズの場合は、新馬戦はダイワメジャーの苦手な東京ダートでのデビューなのでまずは様子見（そもそも私のスタイルでは新馬戦は様子見する）。結果的には3馬身差をつけての勝利となり、負かした馬は2着馬が未勝利勝ち、3着馬が500万下3着、4着馬が500万下勝ち、6着馬が未勝利0.9秒差圧勝とレースレベルが高い中での圧勝でした。

　2戦目は中山ダートに替わります。ダイワメジャー産駒のダートとなると東京→中山へのコース替わりはプラスと判断可能です。産駒的傾向から苦手である可能性が高い東京ダートでこれだけ強い競馬をしたので、比較的得意な部類になる中山ダートでは新馬戦以上の結果を期待することも可能です。レースは直前に良馬場になりましたが、やや時計の出る馬場で上がり最速を記録するも4着。しかも、ここで2着だったセイカヤマノは500万下で7度走って2着が1度、3着馬のロダルキラーは500万下2着と、初戦に比べて出走メンバーのその後の成績が芳しくありませんでした。

　続く3戦目の黒竹賞は再び中山で、さらに乾いた時計のかかる馬場状態での競馬となり、見せ場も作れず大敗。次走勝ち上がりは圧勝したデアフルーグのみでレースレベルは平均レベル。上位陣は500万下でちょこちょこ馬券になっているのみで、2戦目で敗れたロダルキラーが2着、セイカヤマノが6着という結果でした。決してレベルが低いわけではありませんでしたが、500万下の上位レベルを圧倒した東京での初戦の内容と比較すると明らかに物足りない内容だということがわかるでしょう。

　そこで迎えた4戦目、東京ダ1600m。中山での2つの敗戦が影響して一気に6番人気ま

CASE STUDY 07

で人気を落とします。とはいえ、東京では500万下で通用することはレースレベルから明らかなのでここが買い時になります。

　今回は産駒としてのデータを使い新馬戦時から仮説と検証を繰り返しましたが、データはあくまで全体の傾向としての統計的なデータであり、そこにはエクセプション（例外）が存在します。データを使う際にはデータにとらわれすぎずに、このように結果／事実を元に最終的に判断するのがベターです。今回のノーベルプライズなどは、当初は間違った認識をしていても、途中で軌道修正さえしてしまえば美味しい馬券にありつけつるという顕著な例です。誰しも最初から正しい判断なんて不可能なので、凝り固まらず分析をすることで徐々に正しい方向へ向かうような認識を持つようにしましょう。

　さらにノーベルプライズについて掘り下げると、この時は不良馬場の東京ダートです。この時の好走を『穴パターン事典』予想アプローチ9に沿って分析すると面白いことがわかります。

　まずは、この日の不良馬場は明確なナニカ（雨による高速馬場）が影響を与えていたかを確認します。確認の方法として一番手っ取り早いのは、「人気薄馬の好走からレース適性を見抜く方法」を応用して、どれだけ人気薄の馬が走ったかを見るという方法です。競馬ファンのレベルは非常に高く、なんだかんだ言って、結局上位人気になればなるほど好走率は高いわけです。そのため人気薄がどれだけ走っていたかを見ることで、通常との違いを把握することができ、明確なナニカの力が働いているかを測ることが可能です。当該開催における不良馬場ダート戦の結果一覧がこちら。

6月15日〜16日　東京ダート・不良馬場時の1〜3着馬

馬名	人気着順	次走結果	馬名	人気着順	次走結果
アサクサマヤ	4人気1着	未出走	クリップスプリンガ	2人気3着	3人気5着
サイファリス	2人気2着	3人気5着	サニークラウド	8人気1着	未出走
ワンダーマンボ	1人気3着	2人気2着	ノーベルプライズ	6人気2着	1人気12着
アイムソーグレイト	1人気1着	4人気8着	ベルキューズ	10人気3着	3人気2着
ダイユウドナテラ	10人気2着	2人気2着	レディグレイ	1人気1着	未出走
ロンリーウェイ	3人気3着	7人気14着	クィーンズウェイ	6人気2着	3人気8着
ヴィンマカヨール	10人気1着	未出走	ルンルンバニラ	2人気3着	2人気11着
エストラード	6人気2着	2人気3着	ペイシャシキブ	8人気1着	5人気3着
フジヤマノテソーロ	9人気3着	2人気8着	アペタイザー	2人気2着	2人気7着
スタンサンセイ	4人気1着	3人気3着	ジェイコブ	5人気3着	2人気3着
ペイシャラトゥール	2人気2着	未出走	タマモキャペリン	4人気1着	8人気7着
ジェイケイエース	1人気3着	3人気2着	ヒロノトウリョウ	3人気2着	1人気1着
コールドターキー	4人気1着	未出走	スマートエリス	1人気3着	1人気3着
ココロノイコロ	10人気2着	3人気6着			

　人気薄での好走が非常に多いことがわかります。人気薄が大量に好走する時は得てして何かしらの力が働いていることが常であり、今回はその原因が不良馬場であるということ

は明らかでしょう。

　この結果から、この日に好走した馬は何かしら不良馬場の恩恵を受けた可能性が高く、その説を立証するために次走での成績をまとめると、以下の数字になります。

単回収率：13%　　複回収率：78%

　仮にも前走3着以内に好走した27頭がよってたかって1勝しかできないのですから、どれほど恩恵があったかは明確でしょう。このことからノーベルプライズが東京コース不良馬場で好走したことは、1勝クラスで2着に好走したという事実以上に評価する内容ではなかったことがわかります。

　さらに、東京→中山で明らかにパフォーマンスを下げ、中山→東京でパフォーマンスを上げることを踏まえて、『穴パターン事典』予想アプローチ11の競馬場ごとの4事象メトリクスを参考にすると（本書P59参照）、今回の東京→福島替わりは東京→中山とほぼ同ベクトルでマイナス評価に値することがわかります。

　とはいえ単純に前走好走したことで、なんとなく強いというイメージがついているこの馬は1番人気になりますが、ここまで分析ができていれば当然危険な人気馬指名になります。ノーベルプライズはこの次走で福島→新潟替わりで1番人気4着と人気を背負って凡走。秋の東京コースに出走してくる時にもし人気薄であれば買い時がおとずれ、本書の出版後は、東京コースで好走した結果を受けて中山コースで人気したタイミングだと思うので、そこで消しましょう。馬券購入者のメンタル的にも、この馬はここで買うとしっかり決めておくことで、「1番人気だから押さえとこうかな……」といった不要な付け足しをしてしまうことや、「人気なさすぎるから本命はやめて紐にしておこう……」といったような不要な評価下げを防ぐことが可能になるので、このように前もってどこで買ってどこで消すかという見通しを立てることは非常に重要です。

> **JUDGE** ノーベルプライズの前走は不良馬場の恩恵を受けた可能性が高く、過大評価は危険。東京→福島替わりもマイナス。

Ⓓクリップスプリンガの成長

　ダート1勝クラスは［0-3-2-10］で、O型コースだと［0-1-0-8］④⑦⑩⑤❷⑥⑦⑥④着で、U字コースだと［0-2-2-2］とU字コース巧者。かつ道悪ダートでは［0-2-1-2］⑩❷⑥❷③着とU字コース道悪馬場が得意な馬であることは過去の戦績から明白です。この辺りは、U字コースO字コースを頭に入れておくと、馬柱からすぐに気づくことができます。

CASE STUDY 07

クリップスプリンガの戦績（2018年以降）

日付	レース名	コース	頭数	枠番	馬番	タイム	着差	位置取り	上り3F(順位)	人気	着順
2018.3.18	4歳以上500万下	中山ダ1800良	16	2	4	1.56.1	1.0	10 10 12 12	39.0(1)	13	4
2018.4.1	4歳以上500万下	中山ダ1800良	13	3	3	1.56.2	0.7	10 11 12 7	38.2(2)	6	7
2018.4.15	4歳以上500万下	中山ダ1800稍	16	1	1	1.55.4	1.5	11 9 10 10	39.7(7)	13	10
2018.5.6	4歳以上500万下	東京ダ1600良	16	1	2	1.39.7	2.0	10 10	38.5(8)	10	9
2018.9.9	3歳以上500万下	中山ダ1800良	13	5	7	1.53.6	0.6	7 5 6 5	39.3(6)	9	5
2018.9.29	3歳以上500万下	中山ダ1800稍	15	4	7	1.54.3	0.2	7 7 8 6	38.1(3)	8	2
2018.10.27	3歳以上500万下	新潟ダ1800稍	14	8	14	1.55.7	0.4	5 6 3 3	37.0(9)	6	6
2018.12.1	3歳以上500万下	中山ダ1800良	15	3	5	1.53.7	2.3	8 8 8 9	39.1(6)	7	7
2018.12.15	3歳以上500万下	中山ダ1800良	16	6	11	1.56.8	0.7	4 4 4 3	39.8(6)	8	6
2019.1.26	4歳以上500万下	東京ダ1400良	16	7	13	1.26.6	0.1	8 6	37.3(5)	8	3
2019.2.11	4歳以上500万下	東京ダ1400良	16	7	13	1.26.9	0.9	6 7	37.0(8)	7	9
2019.4.7	4歳以上500万下	福島ダ1700良	15	4	6	1.48.1	0.2	6 6 5 6	40.4(6)	9	4
2019.4.27	4歳以上500万下	東京ダ1400稍	16	8	16	1.25.1	0.2	9 9	37.0(1)	5	2
2019.5.18	4歳以上500万下	東京ダ1400良	16	7	13	1.26.5	0.2	8 7	36.8(1)	2	2
2019.6.15	3歳以上1勝クラス	東京ダ1400不	16	5	9	1.24.6	0.5	10 7	36.9(4)	2	3

　過去の戦績を見ると、ノーベルプライズと同日の不良馬場の東京ダートで好走していました。ノーベルプライズの項で書いた通り、不良馬場により明確な力が働いた後のレースは消しなのですが、この馬の場合U字→O字という条件替わりもプラスではありません。ましてやU字コースにおいて、3戦連続で結果を残してからのO字コース替わりは買いにくいという判断をせざるを得ません。ただし、この馬をノーベルプライズよりも買いとする材料が1点あります。それは今回と同条件で行われた4走前の福島ダ1700mでのレースが非常にハイレベルだったからです。

2019年4月7日　福島7R　4歳以上500万下　ダ1700m良

着順	馬名	その後の成績
2着	リョウランヒーロー	1勝クラス勝ち
3着	レオステップアップ	1勝クラス勝ち
4着	クリップスプリンガ	
5着	オウケンスターダム	500万下3着
6着	ブラックカード	1勝クラス2着
7着	シゲルポインター	500万下勝ち
8着	メイショウタカトラ	500万下勝ち
9着	キタノユウキ	500万下3着

競走馬の得意な条件を見つけることは馬券で勝つ上で非常に重要ですが、単純明快である分、過剰に人気してしまいあまり儲からないといったことがあります。そこで、より美味しい馬券にありつくために「得意な条件を買うこと」の視点を変えることが求められます。その1つとして得手不得手から成長と衰退を見抜くという方法があります。

> **成長**：苦手だったことができるようになる　　**衰退**：得意だったことができなくなる

　クリップスプリンガは従来U字コース・道悪馬場が得意な馬でしたが、苦手であったはずのO字コース・良馬場でハイレベルメンバーを相手に好走したので、まさしく成長をしていたということがわかります。もっと正確に過去の戦績を見ると、中山ダ1800m（O字）で行われた12月15日のレース（勝ち馬ショーンガウアー）がハイレベルであることもわかります。次走勝利数：2と全体で14％程度しか存在しないハイレベルレースである上に、次レースで2、3着馬がバッティングしてしまいワンツーフィニッシュ。そこで敗れたアルーフクライは次走圧勝なので、実質、全体で3％しか存在しない次走勝利数：3のレベルであったということがわかります。

　このレースで6着と好走していて、且つその前のO字コースでは低レベルメンバーに苦戦していたことを考えると、このショーンガウアーの勝った500万下の時に馬が成長していたことがわかります。

2018年12月15日　中山8R　3歳以上500万下　ダ1800m良

着順	馬名	その後の成績
2着	アルーフクライ	500万下2着
3着	ダウンザライン	500万下勝ち
4着	トーセンゼロス	
5着	ヒロノワカムシャ	500万下3着
6着	クリップスプリンガ	
7着	グラスブルース	500万下勝ち

　そういう背景があったことが見抜ければ、1番人気のノーベルプライズよりも4番人気のクリップスプリンガを上位評価することは当然の結果になります。ただし、レースでは揉まれてしまって4角で仕掛け遅れ、最後は猛追するも5着でした。4角でスムーズならば馬券内という競馬だったので、この後の使われ方が楽しみです。

　これでO型コースだと［0-1-0-9］④⑦⑩⑤❷⑥⑦⑥④⑤着となり、戦績だけを見ると間違いなくO字コースは苦手という判断をされるでしょうが、直近の3レースを見てみると、ハイレベルのショーンガウアー戦6着、ハイレベルのブリーズスズカ戦4着、被せら

CASE STUDY 07

れて仕掛け遅れ、脚を余した今回のブリッツェンシチー戦5着と、成長してO字コースでも走れるようになってからはレースに恵まれなかった形。おそらく10、11月は東京コースになると思うので、そこでなんとか人気を落としてもらい、暮れの中山で狙ってみるのが面白いかもしれません、当然、得意なU字コースの東京でも人気がなければ狙ってみるのもありです（※10月14日にU字コースの東京ダ1400mに出走し、見事に勝利。ただし、人気は2番人気、単勝4.3倍でした）。

> **JUDGE** クリップスプリンガはO字コースを苦手としていたが、
> 7走前に成長の兆しを見せていたので上位評価できる。

2019年7月6日 福島12R　3歳以上1勝クラス　ダ1700m稍重

着	馬名	性齢	斤量	騎手	タイム	位置取り	上がり	人気
1	8 ⑭ ブリッツェンシチー	牡3	54	丸山元気	1.46.5	3-3-3-2	37.2	8
2	4 ⑦ メイクグローリー	セ5	54	山田敬士	1.47.0	8-8-4-2	37.6	14
3	7 ⑫ トミケンエンデレア	牡4	57	田辺裕信	1.47.1	11-11-11-8	37.2	2
4	7 ⑬ フラッグアドミラル	牡5	57	石橋脩	1.47.2	1-1-1-1	38.0	4
5	5 ⑧ クリップスプリンガ	牡5	57	戸崎圭太	1.47.2	5-5-5-5	37.6	3
6	6 ⑩ レヴァンテ	牡4	57	横山典弘	1.47.3	2-2-2-2	38.1	7
7	8 ⑮ ユイノチョッパー	牡4	57	内田博幸	1.47.5	14-14-13-11	37.2	9
8	3 ⑤ オウケンスターダム	牡5	54	藤田菜七子	1.47.9	13-11-8-5	38.2	5
9	4 ⑥ タイセイカレッジ	牡4	57	津村明秀	1.48.0	10-10-12-11	37.9	11
10	3 ④ アイヅヒリュウ	牡5	56	木幡巧也	1.48.1	3-3-5-5	38.5	12
11	5 ⑨ プレゼンス	セ5	55	野中悠太	1.48.7	5-6-5-8	39.1	6
12	1 ① ノーベルプライズ	牡3	54	三浦皇成	1.48.7	5-6-9-8	38.9	1
13	2 ③ スリーミネルバ	牝5	54	菊沢一樹	1.49.2	11-13-15-14	38.7	13
14	6 ⑪ ケルベロス	牡6	54	木幡育也	1.49.3	15-14-13-14	39.1	10
15	2 ② サンマルライバル	牡5	57	岩崎翼	1.50.2	8-8-9-11	40.4	15

単勝1,710円　複勝470円 2,790円 190円　枠連15,580円　馬連134,230円
ワイド28,470円 1,300円 11,280円　馬単234,600円　三連複169,270円　三連単1,677,580円

CASE STUDY 08

2019年7月7日 福島10R

天の川賞（2勝クラス）

ダ1700m稍重

> 穴馬と消し候補の人気馬をピックアップしましょう。※穴馬の定義は便宜上5番人気以下とします。

5走前

枠	馬番	人気		騎手	馬名	
1白	1	8人	(58.0)59.2	内田博 57	カフェアトラス	牡4
2黒	2	4人	関西(60.8)59.1	福永 57	スズカフロンティア	牡5
3赤	3	5人	関西(58.2)59.6	三浦 57	ブリッツシュラーク	牡5
4青	4	6人	関西(54.2)56.4	川又 57	インペリオアスール	騙5
5黄	5	1人	(54.3)57.9	戸崎 57	グレンマクナス	牡5
6黄	6	10人	(56.6)56.2	吉田豊 55	スカイソング	牝5
7緑	7	11人	(56.8)57.7	津村 55	ミラビリア	牝5
8緑	8	2人	(61.8)62.1	横山典 57	ジェミニズ	牡5
9橙	9	7人	(58.9)59.5	丸山 57	キャベンディッシュ	牡5
10橙	10	9人	(59.2)57.6	柴田善 57	ドゥラリュール	騙6
11桃	11	3人	関西(58.8)59.9	和田竜 57	クリノフウジン	牡5
12桃	12	12人	(52.2)55.4	江田照 57	トキメキジュピター	牡4

CASE STUDY 08

福島ダ1700mは
捲りが発生しやすい
コース

1番人気グレンマクナス
の前走は楽逃げで圧勝。
今回は昇級戦

今回は12頭立ての
少頭数

天の川賞 の 予 想 手 順

　ダート中距離戦では捲り競馬になるかどうか、という点が展開面で非常に重要になります。とはいえ、東京、阪神、新潟、中京は最後の直線が長いことで捲りの展開にはなりにくく、京都は下り坂で4コーナーへ突入するので捲ることが難しいコースレイアウトになっています。このことから、捲りが発生する競馬場は中山、福島、小倉、そして札幌、函館の5つとなります。ただ、札幌と函館は1000万下以上のレースとなると年間10レース程度しか施行されないので、捲りとなれば中山、福島、小倉の3つと考えていいでしょう。

　捲りが決まるかどうかには条件が2つあります。

　1つ目はペースがスローになるかどうかです。捲りとは基本的にペースが落ちた時に動くことで効果を発揮します。当たり前ですが、捲る時は内側にいる馬の外を回ることになるので、大きな距離ロスが生じます。このロスを補うためには当然内側で走っている馬よりも速いラップを刻まなければならないのですが、ハイペースの場合はここに使うエネルギーが大きくなります。『穴パターン事典』ではラチ沿いから3m外を回った時に内ラチの馬と比較してコーナー1つで0.25秒差ができると解説しましたが、12.0－12.0－12.0のようなラップになると、捲り切るには11.5－11.5－11.5のような実現不可能なラップで捲らなければなりません。中にはこのラップで捲っていける馬もいるでしょうが、その後にゴールまで残り2F程度走り抜くことができるかというと難しいでしょう。そのため、捲るにはスローペースであることが必要なのです。

　2つ目は前にいる馬がスタミナに秀でたタイプでないことです。捲りはスタミナに秀でた馬がスタミナを最大限に生かすため、自分で仕掛け、周りの馬のペースアップを早くすることで消耗戦に持ち込む効果があります。ただし、前にいる馬がスタミナに秀でたタイプである場合、捲りに合わせてロングスパートを仕掛けられてしまいます。そうなると前にいる馬のほうが仕掛けが遅い分優位にレースを運ぶことができるわけです。前にいる馬が早めに外に出せば、後ろから捲ろうとした馬はさらに1頭分外を回されロスが（0.8秒程度）増えます。競馬はハナ差で着順が変わる世界なので、この差はあまりにも大きいと言えます。

　これらの理由から、捲りとはスローペースになるレースで、スタミナに乏しい馬がレースを引っ張る時に成功しやすいことがわかります。もう少し細かい要素で言えば、少頭数であること・過去に捲ったことのある馬が出走していること・捲ることのできる馬が外目の枠にいるかどうかなどが挙げられますが、最重要項目が上記の2つであることは間違いありません。

捲りが決まる条件

①ペースがスローになる
②前にいる馬がスタミナに秀でたタイプではない

CASE STUDY 08

　これらを踏まえた上で馬柱を見ていくと、以下の人気馬2頭と穴馬2頭に目が行きます。1頭ずつ考察をしていきましょう。

- **Ⓐグレンマクナスの昇級戦**
- **Ⓑジェミニズのローカル替わり**

- **Ⓒキャベンディッシュの小回りコース**
- **Ⓓインペリオアスールの昇級戦**

Ⓐグレンマクナスの昇級戦

　500万下を1.2秒差で圧勝し、1番人気に推されていましたが、この馬の存在がこのレースのポイントでした。ダート転向初戦は1000m通過61.9のペースで2番人気7着と大敗。圧勝した前走は1000m通過63.3というペースで圧勝。人間は目から取り入れた情報を重視しやすいので、大差勝ちの時は必然的に過剰人気します。そのため、大差勝ちの場合は走破時計を他のクラスと比較することをお勧めします。

　真にその馬が強い場合は、上のクラスの走破時計と大差ないことが多いのですが、時計は平凡で相手が弱かったというパターンもあります。
グレンマクナスは稍重馬場で1分53秒9という走破時計でしたが、当日の伏竜S（3歳OP）は1分53秒2。また良馬場開催でやや時計のかかっていた前日1000万下が1分53秒2でした。この結果からもわかる通り、大差の割に走破時計はいたって平凡でした。

グレンマクナスの過去5走

日付	レース名	コース	タイム	着差	位置取り	ペース	人気	着順
2018.5.5	二王子特別(500万下)	新潟芝1800良	1.47.8	0.2	4-2	36.1-34.8	2	3
2018.5.20	4歳以上500万下	京都芝1800良	1.48.7	1.3	10-10	35.8-35.1	3	8
2018.11.4	3歳以上500万下	京都芝2000良	2.01.9	0.7	9-10-7-4	36.3-35.4	4	11
2018.11.25	3歳以上500万下	京都ダ1800良	1.54.2	1.4	1-1-1-1	36.4-38.0	2	7
2019.3.31	4歳以上500万下	中山ダ1800稍	1.53.9	-1.2	1-1-1-1	38.1-38.1	4	1

　この2戦の結果から、グレンマクナスはスローペースでこそ良さが出る馬だと判断できます。また、好走時の馬場は稍重でしたが、大敗した時は良馬場でスタミナを求められるレースだったことからも、スタミナに秀でた馬ではないことがわかります。父がディープインパクトなのでイメージはしやすいと思います。

　こういったペースが遅い時に好走するような馬がレースの展開を握る時には、捲りが非

常に効きやすくなります。

 前走大差勝ちのグレンマクナスの走破時計は平凡で、スローペース向きという点も懸念材料になる。

 Bジェミニズのローカル替わり

　ジェミニズは4走前に捲りの効きにくい東京ダ2100mで捲って（通過順：14-11-1-1）、そのまま3着に粘った実績があります。このレースではジェミニズが14番手から先頭まで捲り切ったため、4角を後方で構えていた人気薄が好走し、極端な差し決着になりました。このレースで前に行った馬はジェミニズ（3着）、単勝1倍台に推されていたクイックファイア（8着）、リアリスト（9着）、スペルマロン（10着）、3番人気のショーンガウアー（15着）でしたが、後の成績を見てみると、クイックファイアはすぐに1000万下を勝ち上がり、リアリスト・スペルマロンともに人気薄で穴をあける結果になっていました。このことからもどれほど前に厳しいレースだったかを計り知ることができます。

2019年2月10日　東京8R　4歳以上1000万下　ダ2100m稍重

着	馬名	タイム	位置取り	人気	その後
1	④マイネルアンファン	2.12.6	7-8-7-6	14	
2	⑥アバオアクー	2.12.8	13-14-11-8	13	
3	⑮ジェミニズ	2.13.3	14-11-1-1	11	
4	⑧イルフォーコン	2.13.4	15-15-15-13	4	1000万下2着（②人気）
5	①プレシャスリーフ	2.13.4	8-9-11-8	2	
6	③レッドゼノン	2.13.6	10-11-13-11	7	
7	⑤ワイルドゲーム	2.13.6	16-16-15-11	8	
8	⑯クイックファイア	2.13.7	4-4-5-3	1	1000万下2着→1着（①人気）
9	⑦リアリスト	2.14.0	2-2-2-2	9	1000万下2着（⑧人気）
10	⑩スペルマロン	2.14.1	2-3-2-3	10	1000万下2着2回（⑦⑧人気）
11	⑫ケンシュナウザー	2.14.5	10-9-7-13	5	
12	⑪ジュニエーブル	2.14.7	5-6-10-13	6	
13	②クールエイジア	2.15.2	10-13-13-16	16	
14	⑬パガットケーブ	2.16.2	8-6-4-5	12	
15	⑭ショーンガウアー	2.16.3	1-1-5-6	3	
16	⑨ケイツーリラ	2.19.8	5-4-7-10	15	

極端な差し決着の中、ジェミニズは3着に粘る。先行馬のその後の成績を見れば、ジェミニズが現級では上位の力を持っていることがわかる。

CASE STUDY 08

　上位の馬が潰れてしまうほど前不利のレースを3着に粘ったジェミニズは、当然このクラスでは上位ということになりますし、この結果から捲りが発生する条件の1つである「過去に捲ったことのある馬が存在する」という条件も満たすことになります。

　それ以外のレースではジェミニズは捲り競馬をしていませんが、東京や中京を使われ続けていた影響で、捲り競馬をしたくてもできないレースが続きました。その上頭数もフルゲートばかりで捲り競馬も難しい状況でしたが、今回は福島替わり＋12頭立ての少頭数ということで、一気に道中で動いていけるチャンスを迎えました。

> **JUDGE** ジェミニズの4走前は捲りが不利に働いたが、福島替わり＋少頭数替わりの今回は捲りがはまる可能性がある。

ⓒキャベンディッシュの小回りコース

　小倉（通過順：9－9－3－3）、中山（通過順：14－14－2－1）と、500万下好走時は捲った時でした。その後1000万下で捲り競馬をしたときは、チバテレ杯4着・1000万下13着ですが、4着時の後半5Fのラップが12.4－11.8－11.9－12.1－13.2。13着時の後

キャベンディッシュの戦績

日付	レース名	コース	タイム	着差	位置取り	ペース	人気	着順
2017.7.15	2歳新馬	福島ダ1150良	1.12.1	1.4	13-13	32.5-38.2	12	7
2017.8.12	2歳未勝利	札幌ダ1700稍	1.46.4	1.5	3-3-4-3	29.1-37.9	9	4
2017.12.3	2歳未勝利	中山ダ1800良	1.56.4	-0.2	1-1-1-1	37.6-40.1	4	1
2017.12.17	2歳500万下	中山ダ1800良	1.58.3	1.6	2-2-5-3	38.5-39.2	10	11
2018.1.27	3歳500万下	東京ダ1600不	1.37.9	0.5	11-11	35.2-36.7	13	7
2018.2.24	くすのき賞(500万下)	小倉ダ1700良	1.46.8	0.6	9-9-3-3	29.7-37.8	7	2
2018.3.17	3歳500万下	中山ダ1800良	1.55.2	-0.3	14-14-2-1	37.5-38.9	3	1
2018.4.1	伏竜S(OP)	中山ダ1800良	1.57.1	2.4	8-8-7-6	38.5-36.5	5	7
2018.5.3	兵庫CS(G2)	園田ダ1870稍	2.01.1	1.1	2-2-2-2	0.0-38.2	3	3
2018.9.24	東京カップけやき賞	盛岡ダ1800良	1.53.5	1.2	9-6-3-5	0.0-37.2	1	5
2018.10.21	3歳以上1000万下	東京ダ1600良	1.38.0	0.6	15-13	35.0-37.5	8	7
2018.11.11	3歳以上1000万下	東京ダ1600良	1.37.6	0.8	15-15	35.9-36.2	14	10
2018.12.2	チバテレ杯(1000万下)	中山ダ1800良	1.54.0	0.7	9-10-3-3	38.6-37.2	7	4
2019.3.17	4歳以上1000万下	中山ダ1800良	1.55.6	2.2	9-7-3-4	37.5-38.9	8	13
2019.4.13	利根川特別(1000万下)	中山ダ1800良	1.54.0	2.5	13-13-11-11	36.2-38.0	12	11
2019.5.19	4歳以上1000万下	京都ダ1800良	1.53.8	0.6	10-11-10-9	37.5-37.1	12	5
2019.6.23	リボン賞(2勝クラス)	阪神ダ1800良	1.54.1	1.3	15-14-11-10	38.1-36.8	10	6

半5Fのラップが11.8－11.8－12.3－12.7－13.9。どちらも11秒台を2F連続で刻むようなレースになっていて、先の説明の通り、このラップを捲って好走できるはずがありませんでした。

　今回は1000万下では初めての少頭数である上に、久しぶりに捲り競馬が可能なコースということで条件が揃っていました。

　また、別方向からの評価をすると、キャベンディッシュは1000万下で捲れず追い込み競馬となったときは⑦⑩⑪という結果でしたが、5月19日の京都コースでは後方からの差しで12番人気5着、その次の6月23日の阪神コースでも後方から追い込みで10番人気6着。いずれも4コーナーで5番手以内にいた馬がそのまま流れ込む、デファクトスタンダードの前残り決着だったので、この5、6着は高く評価できます。圧倒的な前残り競馬でも5、6着と掲示板に載るレベルで好走できるのですから、このときよりも少し差しが決まるようになれば容易に馬券内に届くことがわかります。

2019年5月19日　京都12R
4歳以上1000万下　ダ1800m良

着	馬名	タイム	位置取り	人気
1	①ゼンノワスレガタミ	1.53.2	6-7-6-5	4
2	⑪ダノンロイヤル	1.53.5	1-1-1-1	2
3	⑮テイエムチューハイ	1.53.6	2-2-2-2	3
4	⑧テイエムオスカー	1.53.7	2-2-3-3	9
5	④キャベンディッシュ	1.53.8	10-11-10-9	12

2019年6月23日　阪神12R
リボン賞　ダ1800m良

着	馬名	タイム	位置取り	人気
1	⑩ロードグラディオ	1.52.8	2-2-2-2	3
2	⑬ウインネプチューン	1.53.1	3-3-3-3	4
3	⑧サンライズセナ	1.53.1	6-6-4-3	5
4	⑨レッドゼノン	1.53.4	3-3-6-6	9
5	②リシュブール	1.54.0	1-1-1-1	7
6	③キャベンディッシュ	1.54.1	15-14-11-10	10

 1000万下では初めての少頭数である上に、久しぶりに捲り競馬が可能なコースに替わることで条件が揃った。

 Ⓓインペリオアスールの昇級戦

　6番人気で単穴候補という馬でしたが、この馬の好走が難しいこと、また好走したとしても馬券妙味がないことを説明していきます。

　このレースでは前走を圧勝したグレンマクナスという馬が逃げる（逃げなくても前で勝負する）ため、後方の馬はグレンマクナスを目標に早めに仕掛けてくるはずです。そうなると、先行するインペリオアスールにとっては展開面でかなり厳しい競馬になることが容易に想像できます。

CASE STUDY 08

もしその予想に反し、スローペースで後ろも動いてこなかったら、前残りが発生する可能性が高くなります。その場合、インペリオアスールは好走できるかもしれませんが、同じようにグレンマクナスとクリノフウジンも展開に恵まれることになり、馬券的妙味はなくなります。

今回、前残りを想定してインペリオアスールを本命にした場合、「ゾーンで狙う」という見地からは、相手はグレンマクナス（1番人気）とクリノフウジン（3番人気）が筆頭、その他前に行けるドゥラリュール（9番人気）やスズカフロンティア（4番人気）を上位評価していくのが正解になります。ただし、ここは相手が強いので馬券になるのも一苦労ですし、馬券になったとしても相手が1、3、4番人気であれば安い配当になってしまいます。

逆に、捲り競馬で差し決着になると想定し、本命をキャベンディッシュ（7番人気）とした場合は、ジェミニズ（2番人気）が馬券になる可能性が非常に高くなり、その上で、ブリッツシュラーク（5番人気）やスカイソング（10番人気）を相手に挙げることになるでしょう。

ただ、このパターンにおいては、いくらキャベンディッシュに恵まれた展開になるといっても、競馬の根本である前有利は完全には崩れにくいので、前で一頭残る可能性があり、その馬に手を広げても良いという判断となります。

前残り　◎インペリオアスール（6人気 単勝15.9倍）

相手はグレンマクナス（1人気）・クリノフウジン（3人気）・スズカフロンティア（4人気）・ドゥラリュール（9人気）

差し決着　◎キャベンディッシュ（7人気 単勝17.2倍）

相手はジェミニズ（2人気）・ブリッツシュラーク（5人気）・スカイソング（10人気）

インペリオアスールとキャベンディッシュはどちらも同じようなオッズと思われるかもしれませんが、連系の馬券を買う以上、相手まで考えて妙味の有無を判断する必要があります。当然、キャベンディッシュが来たほうが相手も人気薄を巻き込みやすく、高配当を得ることができますよね。

福島では、このような捲り競馬を狙うタイミングが頻繁にあるので、「スローペースになるかどうか」「前にいる馬がスタミナに秀でたタイプではないか」の2点に注目してください。

JUDGE 今回は展開面で厳しい競馬になることが予想され、仮に展開が向いても同脚質の人気馬も走れるため妙味はない。

2019年7月7日　福島10R　天の川賞　ダ1700m稍重

着	馬名	性齢	斤量	騎手	タイム	位置取り	上がり	人気
1	8⑪クリノフウジン	牡5	57	和田竜二	1.45.3	4-3-2-2	38.4	3
2	6⑧ジェミニズ	牡5	57	横山典弘	1.45.7	9-8-6-4	38.3	2
3	7⑨キャベンディッシュ	牡4	57	丸山元気	1.45.8	12-11-10-10	37.9	7
4	1①カフェアトラス	牡4	57	内田博幸	1.46.5	9-11-12-11	38.2	8
5	5⑤グレンマクナス	牡5	57	戸崎圭太	1.46.7	1-1-1-1	39.9	1
6	2②スズカフロンティア	牡5	57	福永祐一	1.46.7	6-6-6-7	39.2	4
7	3③ブリッツシュラーク	牡5	57	三浦皇成	1.46.7	7-7-8-7	39.1	5
8	7⑩ドゥラリュール	セ6	57	柴田善臣	1.46.7	4-3-4-4	39.5	9
9	5⑥スカイソング	牝5	55	吉田豊	1.46.8	8-8-8-7	39.2	10
10	4④インペリオアスール	セ5	57	川又賢治	1.47.6	2-3-4-4	40.4	6
11	8⑫トキメキジュピター	牡4	57	江田照男	1.47.7	9-10-11-12	39.6	12
12	6⑦ミラビリア	牝4	55	津村明秀	1.48.4	2-2-2-2	41.5	11

単勝650円　複勝220円 170円 350円　枠連1,250円　馬連1,330円
ワイド510円 1,350円 1,120円　馬単2,880円　三連複6,020円　三連単27,720円

穴馬分解コラム **03**

加速ラップの評価の仕方

チューリップ賞&桜花賞／シゲルピンクダイヤ

加速ラップとは、文字どおり加速したラップを刻んだことを指し、「そのレースでは、まだかなり余力があった」ことを示します。つまり、加速ラップで好走した馬は、走ろうと思えばもっと良い時計で走れたと解釈することができます（詳しくは『穴パターン事典』P32を参照）。

加速ラップの注意点

❶スローからのラスト3F瞬発力戦で加速ラップは評価を下げる
❷大逃げ馬がいた場合は早めにバテてしまい加速ラップに見えることがある

　シゲルピンクダイヤの未勝利戦は12.6 - 11.1 - 11.7 - 12.2 - 12.0 - 11.9 - 11.8 - 11.4と加速ラップ。そして注意点❶／❷に引っかからずに1.34.7という好時計で走破しました。2018年京都芝1600m内において、加速ラップかつ最後の1Fを11.5以下で走破していたのは、インディチャンプ（東京新聞杯勝ち）・シゲルピンクダイヤ・ヴァルディゼール（シンザン記念勝ち）・サヴォワールエメ（阪神JF8着）の4頭だけでした。さらに、それぞれの走破時計を見るとシゲルピンクダイヤのすごさがわかります。

インディチャンプ ── 1.37.2

12.8	11.9	12.0	12.9	12.8	12.5	11.3	11.0

サヴォワールエメ ── 1.35.8

12.6	10.9	11.9	12.8	12.8	12.3	11.4	11.1

ヴァルディゼール ── 1.36.4

12.4	11.6	12.1	12.5	12.7	12.3	11.6	11.2

シゲルピンクダイヤ ── 1.34.7

12.6	11.1	11.7	12.2	12.0	11.9	11.8	11.4

　上記3頭に比べ中盤でペースが緩むこともなく、その中でダントツの時計で勝っている上に、直線では詰まってスムーズではありませんでした。このことからもシゲルピンクダイヤは重賞で通用する馬だったということがわかります。

　2歳未勝利戦で加速ラップ、かつラスト1Fを11.5以下で走破している馬は過去に1頭しかおらず、その馬がブエナビスタという名牝だったことも、シゲルピンクダイヤが強いということの裏付けとしては十二分でしょう。

ブエナビスタ ── 1.34.9

12.6	10.8	11.5	12.4	12.1	12.0	12.0	11.4

CASE STUDY
09
2019年9月14日 阪神10R
芦屋川特別

芝1200m良

穴馬と消し候補の人気馬をピックアップしましょう。※穴馬の定義は便宜上5番人気以下とします。

5走前

CASE STUDY 09

ヒント1 対戦成績を見て危険な人気馬を探そう

ヒント2 平坦→急坂で変わりそうな馬は?

ヒント3 急坂コースでのメンバーレベルが大事

4走前	3走前	2走前	前走	Memo

©競馬ブック

芦屋川特別の予想手順

『穴パターン事典』を参考に前ページの馬柱を見ると、穴馬2頭と消し候補の人気馬2頭が浮上します。

Ⓐワールドフォーラブの叩き2戦目と急坂コース替わり
Ⓑケイアイサクソニーの平坦→急坂コース

Ⓒセプタリアンの押し出された3番人気
Ⓓアルモニカの押し出された1番人気

 Ⓐワールドフォーラブの叩き2戦目と急坂コース替わり

馬柱を一瞥しただけで、好走と凡走を繰り返していて常に人気と着順が入れ違いになっている馬だとわかります。好走凡走を繰り返している汚い馬柱の馬は狙うタイミングと消すタイミングを判別しやすいので、競馬はストーリーという考え方で一度その好走凡走のメカニズムを解明してしまえば、その馬をずっと追いかけるだけで美味しいオッズにありつけます。

ワールドフォーラブの戦績

日付	レース名	コース	頭数	枠番	馬番	タイム	着差	位置取り	上り3F(順位)	人気	着順
2018.1.27	中京スポーツ杯(1000万下)	中京芝1200稍	18	4	7	1.09.4	0.0	6 4	34.8(6)	2	2
2018.3.24	岡崎特別(1000万下)	中京芝1200稍	18	8	18	1.10.5	0.8	13 13	34.8(4)	1	11
2018.4.21	4歳以上1000万下	東京芝1400良	16	7	13	1.21.2	0.6	10 10	33.5(7)	2	5
2018.7.1	3歳以上500万下	中京芝1200良	18	2	4	1.08.6	0.4	5 5	33.3(4)	2	4
2018.7.14	マカオJCT(500万下)	中京芝1200良	15	4	7	1.08.2	0.1	4 5	33.8(5)	1	2
2018.10.20	鳥屋野特別(500万下)	新潟芝1200稍	18	1	1	1.09.6	0.4	2 3	35.7(10)	1	6
2018.12.16	桑名特別(500万下)	中京芝1200良	18	3	5	1.09.0	-0.1	4 3	34.2(11)	2	1
2019.1.5	4歳以上1000万下	京都芝1200良	16	5	9	1.09.9	1.1	9 9	35.0(7)	3	9
2019.1.26	知立特別(1000万下)	中京芝1200良	16	4	8	1.09.0	0.8	6 7	34.2(9)	2	10
2019.4.14	千種川特別(1000万下)	阪神芝1200稍	13	2	2	1.09.5	0.2	2 3	34.2(7)	6	4
2019.5.12	4歳以上1000万下	京都芝1200良	16	2	4	1.07.9	0.2	6 6	33.7(5)	6	3
2019.5.26	御池特別(1000万下)	京都芝1200良	16	3	6	1.08.8	0.8	16 16	33.0(1)	2	9
2019.8.3	HBC賞(2勝クラス)	札幌芝1200良	16	6	11	1.08.8	0.6	3 5	35.0(12)	5	8

CASE STUDY 09

　このワールドフォーラブの場合は、2018年の中京スポーツ杯（1000万下）時から9戦連続で3番人気以内に支持されていました。しかし、なかなか中途半端な結果しか出ずにもじもじしていたところ、ついに人気を集めなくなり、人気を集めなくなってすぐに6番人気3着と好走。それを見て一度見放した層が「やっぱり強いじゃん！」と再評価した途端に2番人気9着。その次走で5番人気8着となったことで、完全に支持者がこの馬を見放す形になりました。

　面白いものでまたもや皆が見放したこの芦屋川Sのタイミングで11番人気3着と穴をあけました。これこそがまさに、何も分析をせずに着順で馬を判断している層が作り出すオッズの歪みです。

　では、なぜこういう成績になったかを分析していきますが、このときにすべき手順は下記が効率よくオススメです。さすがに出走馬全頭について全ファクターを1つ1つ細かに確認していくことは時間的に不可能ですし、コスパが悪いので、重要であるレースにあたりをつけていくという作業が重要になってきます。

① 『穴パターン事典』の項目の観点で戦績をまとめる
② 最もバイアス（偏り）が強いファクターに①で見つけたデータを被せる
③ ②でデータを出したとして、全レース1着はあり得ないので、馬券外になった
　 レースについて、再度『穴パターン事典』の項目の観点でチェックする。

　まずは①の観点で戦績をまとめると、1200m戦では直線坂のあるコースでは［2-1-1-4］、平坦コースでは［0-0-1-4］と平坦よりは急坂コースが得意な戦績。また休み明けは［0-0-0-5］なのに対し、叩き2走目は［1-1-2-0］と完全に叩いて良くなる馬。道悪は稍重で［0-1-0-3］で良馬場は［2-1-2-6］なので良馬場の方が良さそうといった程度の結果。右回りだと［0-0-2-4］、左回りだと［2-2-0-5］と多少左回りの方が良さそうという結果。

　続いて②です。こうして洗い出した戦績の偏りの中で、最もバイアス（偏り）が強いファクターを軸として決めると、この馬の場合、【休み明けは［0-0-0-5］／叩き2走目は［1-1-2-0］】になるでしょう。そのため、この軸に対して次にバイアスの強い坂の有無のデータをかぶせていくと……叩き2走目&直線坂のあるコース：［1-1-1-0］で馬券を外したことがないことがわかります。

　また、直線坂のあるコース&良馬場：［2-0-1-2］となるのでこれまた有効になりそうな結果を残していることがわかります。

　坂のあるコースかつ良馬場で敗戦したのが二度あるので、その時の結果を探りに行けばワールドフォーラブの出走していた全レースを確認したりしなくても良いわけです。

　敗戦した2レースを細かく分析すると、まず4着に敗れた時は通過順を見てもらえばわかるように、4コーナーで1、2、3番手にいた馬がそのまま流れ込むような典型的な前残りレースになりました。

2018年7月1日　中京8R　3歳以上500万下　芝1200m良

着		馬名	性齢	斤量	騎手	タイム	位置取り	上がり	人気
1	4⑧	ミトノレインボー	牝3	52	和田竜二	1.08.2	1-1	33.4	3
2	4⑦	スリーケープマンボ	牡3	54	松田大作	1.08.3	3-3	33.2	7
3	6⑪	クルークヴァール	牡3	54	鮫島克駿	1.08.4	2-2	33.4	4
4	2④	ワールドフォーラブ	牝4	55	武豊	1.08.6	5-5	33.3	2
5	6⑫	キョウワヒラリー	牝4	55	秋山真一郎	1.08.6	3-3	33.4	6

　その上で、上位陣の上がりの幅が33.2-33.4とかなり小さく、位置取りで決まったレースであったことがわかります。このレースで掲示板に載った5頭の中で、一番後ろからの競馬になったワールドフォーラブの4着は力負けではないことは明白でしょう。

　もうひとつの10着と大敗した知立特別について確認をすると、敗因がいまいち掴みきれないと思います。極端に上がりの幅が小さくなっているわけでもないし、極端な前残りや差し決着でもない……こうなったときには、すでに秀逸なデータを手にできているので単に度外視してしまうのもコストパフォーマンスの観点から問題ないでしょう。ことこまかに分析していったとしても、当日すごく体調が悪くて負けた1戦といったようなレベルまで見抜くのは至難の技ですし、競馬は何から何まで相対評価であるため得意条件なら絶対に馬券内に来るというわけでもないですからね。

　とはいえ、きちんと分析するに越したことはないので、本書内では分析を続けます。

　馬柱からでは馬の状態面とレース中の不利などは確認できないため、このような手詰まりになった際はレース映像を確認することが打開策になることが多いです。

2019年1月26日　中京12R　知立特別　芝1200m良

着		馬名	性齢	斤量	騎手	タイム	位置取り	上がり	人気
1	1①	コパノディール	牝6	55	戸崎圭太	1.08.2	3-3	33.6	7
2	2④	ショウナンマッシブ	牡5	57	津村明秀	1.08.3	6-7	33.5	8
3	8⑮	デルタバローズ	牡4	56	ルメール	1.08.4	3-2	34.0	1
4	1②	シンデレラメイク	牝4	54	菱田裕二	1.08.6	11-11	33.5	5
5	5⑩	オジョウノキセキ	牝4	54	吉田隼人	1.08.6	16-16	33.1	10
6	3⑥	タイセイブレーク	セ5	57	藤岡康太	1.08.7	15-14	33.4	6
7	3⑤	スマートシャヒーン	牡5	57	鮫島克駿	1.08.7	1-1	34.4	4
8	6⑫	アリア	牝4	54	丸山元気	1.08.8	9-9	33.8	3
9	6⑪	レディバード	牝4	54	北村友一	1.08.9	14-14	33.6	9
10	4⑧	ワールドフォーラブ	牝5	55	松若風馬	1.09.0	6-7	34.2	2

　実際に知立特別は4コーナーで前が壁になり仕掛け遅れてしまい、そこから伸びずにゴールというレースでした。全レースを見て不利を受けた馬を全てチェックするといったパ

CASE STUDY 09

ワープレイはとても普通の人にはできないでしょうから、こうしてピンポイントで確認をするだけでも良いと思っています。

レースは無限、走る馬も無限ですから、完璧を目指さずに取れるところを取っていけば良いと思います。とはいえ、レース映像を見てくださいでは私も納得しきれないところもあるので、さらにラップの観点で分析を進めます。

中距離レースに比べて短距離レースでは道中が緩みにくいことや、1200mの場合前半と後半がテン3F・上がり3Fで綺麗に分かれるためラップ分析の導入ハードルが低いです。当然、「前半3F：34.0－後半3F：35.0」のレースと「前半3F：35.0－後半3F：34.0」のレースではまったく違うレースになります。

前傾ラップのレース

日付	レース名	人気	着順	前半	後半	前後半の差
2017.12.3	3歳以上500万下	5	1	34.2	34.5	-0.3
2017.12.24	クリスマスC(1000万下)	5	3	33.8	35.2	-1.4
2018.1.27	中京スポーツ杯(1000万下)	2	2	33.9	35.5	-1.6
2018.3.24	岡崎特別(1000万下)	1	11	34.7	35.0	-0.3
2018.7.14	マカオJCT(500万下)	1	2	34.0	34.1	-0.1
2018.10.20	鳥屋野特別(500万下)	1	6	33.6	35.6	-2.0
2018.12.16	桑名特別(500万下)	2	1	34.3	34.7	-0.4
2019.1.5	4歳以上1000万下	3	5	34.3	34.5	-0.2
2019.5.12	4歳以上1000万下	6	3	33.6	34.1	-0.5
2019.8.3	HBC賞(2勝クラス)	5	8	33.3	34.9	-1.6
2019.9.14	芦屋川特別(2勝クラス)	11	3	33.0	35.1	-2.1

後傾ラップのレース

日付	レース名	人気	着順	前半	後半	前後半の差
2018.4.21	4歳以上1000万下	2	5	35.3	33.7	1.6
2018.7.1	3歳以上500万下	2	4	34.8	33.4	1.4
2019.1.26	知立特別(1000万下)	2	10	34.3	33.9	0.4
2019.4.14	千種川特別(1000万下)	6	4	35.1	34.2	0.9
2019.5.26	御池特別(1000万下)	2	9	34.4	33.6	0.8

オールフォーラブの戦績をまとめてみても結果は歴然。前傾ラップではしっかり結果を残しているものの、後傾ラップではまったく結果が残せていないことがわかります。

先ほどは理由を見つけられないと書きましたが、このうちのひとつが知立特別であることによってなぜ敗戦したかをレース中の不利以外の観点でも確認することができます。

叩き2走目&直線坂のあるコース&良馬場&前傾ラップが得意な馬だとわかれば、もう今回の条件と照らし合わせるだけで良いですよね。今回は11番人気と見放されたタイミングでしたが、叩き2走目&直線坂のあるコース&良馬場&前傾ラップになりやすいレースというベストの条件で臨むことができました。

> **JUDGE** 叩き2走目、直線坂、良馬場、前傾ラップ濃厚と、
> ワールドフォーラブにとっては理想的な条件が揃った。

穴馬 Ⓑケイアイサクソニーの平坦→急坂コース

ケイアイサクソニーくらい、馬柱をパッとみた瞬間に平坦巧者っぽいなとわかる馬でも、現実問題としてオッズは平坦コースだろうが坂コースだろうが前走の着順に左右されていることがよくわかる戦績になっています。

ケイアイサクソニーの戦績

日付	レース名	コース	頭数	枠番	馬番	タイム	着差	位置取り	上り3F(順位)	人気	着順
2018.12.2	2歳新馬	中京芝1400良	16	7	14	1.24.2	2.5	10 10	36.2(14)	5	14
2018.12.15	2歳未勝利	阪神芝1600良	18	5	10	1.35.8	0.7	2 2	35.5(14)	12	7
2019.1.19	3歳未勝利	京都芝1600良	15	2	2	1.36.5	0.5	8 9	35.5(3)	11	5
2019.2.3	3歳未勝利	中京芝1400良	18	8	17	1.22.3	0.0	15 16	33.9(1)	4	2
2019.2.17	3歳未勝利	小倉芝1200良	18	6	11	1.08.9	-0.5	3 3	35.0(1)	2	1
2019.3.23	3歳500万下	阪神芝1400良	12	8	11	1.22.5	0.9	3 3	35.7(10)	5	8
2019.4.13	3歳500万下	阪神芝1200良	16	1	2	1.10.8	1.4	13 13	34.5(8)	3	12
2019.4.29	3歳500万下	京都芝1200良	15	8	14	1.08.1	0.0	2 2	33.8(5)	9	2
2019.5.11	あやめ賞(500万下)	京都芝1400良	12	5	6	1.21.5	-0.1	1 1	34.1(6)	4	1
2019.5.25	葵S(G)	京都芝1200良	16	1	1	1.08.3	0.3	1 1	34.3(11)	4	5
2019.9.14	芦屋川特別(2勝クラス)	阪神芝1200良	16	2	4	1.08.2	0.1	1 1	35.2(14)	5	4
2019.9.28	戎橋特別(2勝クラス)	阪神芝1400良	18	3	6	1.21.6	0.8	1 1	35.4(16)	3	14

平坦巧者・急坂巧者を判定する考え方はいくつもありますが、おおよそ以下の2つの手順で判別できます。

①直線平坦コースと急坂コースの戦績をまとめる
②レースのメンバーレベルを判定

ケイアイサクソニーを例に、①②の項目をピックアップしていきます。

①直線平坦コースと急坂コースの戦績をまとめる

平坦コース：[2-1-0-2] 着順⑤❶②❶⑤
急坂コース：[0-1-0-4] 着順⑭⑦②⑧⑫

　結果を分ければ明らかで、平坦コースでは9番人気2着や4番人気1着など、人気薄の好走を含む2勝・オール掲示板という結果で、ほぼパーフェクトと言って良い内容です。対して急坂コースは、二桁着順の敗退や、人気を背負っての大敗など明らかに実績に乏しいことがわかります。

②レースのメンバーレベルを判定

　続いてメンバーレベルを確認しましょう。平坦巧者の馬でも、強いメンバーと平坦コースを走る場合と、弱いメンバーと急坂コースで走る場合では、弱いメンバーと急坂コースを走る場合の方が着順が良くなることがあります。先ほども言った通り、昔よりもマシになってきているとはいえ、競馬は着順至上主義です。こういった場合はオッズ的にも妙味を生みやすいので、かならずメンバーレベルはチェックしておきたいですね。
　まずは勝ち上がった2つのレースをチェックします。
　未勝利を勝ち上がった小倉芝1200m戦では、2着に3馬身をつけて圧勝でしたが、負かした馬はどの馬も未勝利を突破できず終いとなってしまった馬たち。このレースは明らかにレースレベルが低かったことがわかります。
　1勝クラスを勝ち上がったあやめ賞は2・5・6着馬が1勝クラスを勝ち上がっているレベルの高いレースだったことがわかります。

2019年5月11日　京都9R　あやめ賞　芝1400m良

着順	馬名	その後の成績
1着	ケイアイサクソニー	
2着	レッドベレーザ	1勝クラス勝ち
3着	グッドレイズ	
4着	ナリス	
5着	メリーメーキング	1勝クラス勝ち
6着	ウォーターエデン	1勝クラス勝ち

次に2着入線した2つのレースをチェックします。

9番人気で2着と穴をあけた4月29日の京都芝1200mですが、このレースでほぼ同じ競馬をした勝ち馬のレコードチェイサーが次走で2勝クラスをあっさり突破。3着馬も1勝クラスを次走で突破。6着馬も1勝クラスを突破しているというハイレベルメンバーでした。

2019年4月29日　京都6R　3歳500万下　芝1200m良

着順	馬名	その後の成績
1着	レコードチェイサー	2勝クラス勝ち
2着	ケイアイサクソニー	
3着	カレンモエ	1勝クラス勝ち
4着	グッドレイズ	1勝クラス3着
5着	ウインスピリタス	
6着	メリーメーキング	1勝クラス勝ち

もうひとつの2月3日の中京芝1400mですが、この時の勝ち馬カレングロリアーレは2勝クラスを勝ち上がり、3着のウォーターエデンも1勝クラス勝ち上がりとメンバーレベルは低くなかったものの、大差ではなかった4着以下の馬のその後は散々な戦績だったこともあり上位3頭が抜けていただけといった形でした。

2019年2月3日　中京7R　3歳未勝利　芝1400m良

着順	馬名	その後の成績
1着	カレングロリアーレ	2勝クラス勝ち
2着	ケイアイサクソニー	
3着	ウォーターエデン	1勝クラス勝ち
4着	ウインバラーディア	
5着	シャイニーブランコ	未勝利勝ち
6着	ラインコマンダー	

ハイレベルレースは下位着順の馬でもしっかりと巻き返して結果を残すことが多いですが、単純に能力が抜けていた馬たちが上位でこぞって突破したレースはハイレベルレースと言うには早計なことが多いので注意が必要です。

反対に人気（5番人気以内）を背負って敗れたレースを確認してみましょう。人気に反して凡走したレースは以下の4つ。

CASE STUDY 09

日付	レース名	コース	人気	着順
2018.12.2	2歳新馬	中京芝1400良	5	14
2019.3.23	3歳500万下	阪神芝1400良	5	8
2019.4.13	3歳500万下	阪神芝1200良	3	12
2019.5.25	葵S(G)	京都芝1200良	4	5

この中でも直近の成績である500万下の結果を掘り下げます。

2019年3月23日　阪神6R　3歳500万下　芝1400m良

着順	馬名	その後の成績
1着	アイラブテーラー	2勝クラス勝利
2着	ヘイワノツカイ	1勝クラス2着
3着	ブルスクーロ	未出走
4着	ヤマニンマヒア	1勝クラス4着
5着	ディープダイバー	リステッド競走勝ち
6着	マイネルアプラウス	1勝クラス3着
7着	シュガリートリーツ	1勝クラス7着
8着	ケイアイサクソニー	1勝クラス勝ち

2019年4月13日　阪神6R　3歳500万下　芝1200m良

着順	馬名	その後の成績
1着	ディープダイバー	リステッド競走勝ち
2着	ポンペイワーム	1勝クラス2着
3着	テルモードーサ	1勝クラス3着
4着	アーズローヴァー	1勝クラス5着
5着	ブラックダンサー	1勝クラス2着
6着	シュガリートリーツ	1勝クラス7着
7着	テツ	兵庫ダービー5着
8着	ハーキーステップ	1勝クラス5着
9着	ヒラソール	1勝クラス3着
10着	ラブリロンリロンス	1勝クラス6着
11着	メジャーハリケーン	1勝クラス10着
12着	ケイアイサクソニー	

2019年5月25日　京都11R　葵S　芝1200m良

着順	馬名	その後の成績
1着	ディアンドル	北九州記念2着
2着	アスターペガサス	函館スプリントS2着
3着	アウィルアウェイ	CBC賞8着
4着	ディープダイバー	リステッド競走勝ち
5着	ケイアイサクソニー	

　レースレベルをまとめると、明らかに平坦コースでの相手が強かった形で、反対に急坂コースでは1勝クラス（旧500万下）レベルで戦うのがやっとのレベルであることがわかります。このように人気薄ながらも好走したとき、人気ながらも凡走したときの相手関係を確認することで、簡単に得意な舞台をあぶり出すことが可能になります。

　ここまでの分析の結果を元に予想を立てると、平坦コースで3戦連続好走をしたあとの急坂コース替わりで5番人気となると、なかなか買いにくいオッズであることがわかります。そのため、この馬を穴馬の筆頭とするのは避けるべきと判断できます。

　※結果このレースを4着と好走。得意でない急坂コースで4着まで走ることができれば、平坦コースではまず2勝クラスを突破できる能力があると考えられます。この後のローテはおそらく阪神をもう一度使って、秋の京都開催になると思うので、次走急坂コースで負けて人気を落としたところを秋の京都・平坦コース替わりで人気薄での穴馬指名待ちです。このように特定の馬の特徴をつかむことができたら、その後はどこで買うか、どこで消すかを明確にすることで、「人気しているから紐で入れておこう」「人気なさすぎるから本命はやめておこう」というわざわざ負けに向かうような予想を避けることができるのです。

> **JUDGE** ケイアイサクソニーは平坦コースでは2勝クラスを突破できる能力があるが、急坂コースでは力を出せない。

人気馬　Ⓒセプタリアンの押し出された3番人気

　いつの時代も人気先行型の馬というのはかなりいるもので、セプタリアンもその好例。半姉がテトラドラクマ（クイーンC 勝ち馬）ということで、デビュー戦から人気を集めていました。こういった馬は結果を残している半姉のイメージによって、人気して勝っただけで「強い！」と評価されやすい傾向があります。

CASE STUDY 09

セプタリアンの戦績

日付	レース名	コース	頭数	枠番	馬番	タイム	着差	位置取り	上り3F(順位)	人気	着順
2018.6.23	2歳新馬	阪神芝1200良	10	1	1	1.10.2	0.2	5 5	34.4(1)	1	2
2018.7.7	2歳未勝利	中京芝1200重	8	1	1	1.09.3	-0.6	1 1	35.0(2)	1	1
2018.9.2	小倉2歳S(G3)	小倉芝1200良	14	3	4	1.11.3	2.4	4 7	37.7(14)	4	14
2019.1.27	若菜賞(500万下)	京都芝1200良	11	8	10	1.09.9	0.5	3 3	35.2(8)	2	5
2019.3.16	3歳500万下	阪神芝1200稍	9	7	7	1.10.4	-0.2	3 3	34.4(4)	1	1
2019.6.23	皆生特別(2勝クラス)	阪神芝1200良	12	4	4	1.09.3	0.4	3 3	35.2(8)	1	5

　ケイアイサクソニーの項で、「現代の競馬でもいまだに着順の与える影響が大きい」と説明しましたが、セプタリアンの場合明らかに着順ではない何かを評価されて人気になっていることがわかります。結果が残せていないのにいつまでもずっと人気をしていますよね。この辺りは「1走負けたくらいは度外視だ！」と思考停止して巻き返しを期待してしまっている層があまりにも多いことがわかります。穴馬で解説したワールドフォーラブのように1000万下を5→10→4→3→9→8着のような馬よりも、セプタリアンのような前走人気して一度負けただけの馬の方が"好走するイメージ"がつきやすいのは当然ですよね。ただ、あくまで"好走するイメージ"が枠だけであって、好走するわけでは決してありません。

　この辺りのギャップに妙味が隠されていると言っても過言ではありません。

　では、セプタリアンの戦ってきた相手を見てみましょう。若菜賞5着時に先着された4頭のその後の成績を見ると、次走格上挑戦で結果が残せなかった1着馬は別として、2着馬は500万下を勝ったものの1000万下で⑦⑫⑦着。3着馬、4着馬はその後500万下で一度馬券に絡んだだけでした。

2019年1月27日　京都9R　若菜賞　芝1200m良

着順	馬名	その後の成績
1着	エイティーンガール	
2着	タマモメイトウ	500万下勝ち
3着	メイショウオニテ	500万下3着
4着	ファイアーボーラー	500万下2着
5着	セプタリアン	

　続く500万下を勝ち上がったレースで負かした相手は、4着馬が500万下を勝ち上がり、6着馬が500万下で2着があるのみ。それに加え、上がりの幅が小さいレースだったので、必然的に前にいる馬が有利となり、当然前にいたセプタリアンの評価も大したものではないことがわかります。

2019年3月16日 阪神6R　3歳500万下　芝1200m稍重

着順	馬名	上がり	その後の成績
1着	セプタリアン	34.4	
2着	タガノカルラ	34.0	
3着	メイショウオニテ	34.3	
4着	ショウナンアリアナ	34.9	500万下勝ち・1000万下2着
5着	テツ	34.4	
6着	ブルベアオーロ	34.3	500万下2着

　この500万下での2戦の内容から、1000万下では通用しないことが容易にわかるのですが、なぜか昇級初戦で1番人気に。当然と言っても良い形で馬券外へ飛ぶ結果になりました。

　ここで敗戦しているにも関わらず、続く今回の芦屋川特別でも3番人気と人気を集めていましたが、5着に敗れた前走を改めて分析すると低レベルレース。4着のミカエルシチーはその後⑩⑭着。3着のウィズはその後⑥⑨着。2着のコンパウンダーはその後⑨着。

　500万下での内容とこの1000万下での内容から、1000万下では穴馬だとしても触手が伸びない程度の能力しかないことがわかるのですが、3番人気になっているあたりにこの馬が人気しやすい馬であることが表れています。そもそも、前述のコンパウンダー（2着）にあっさり負けたにもかかわらず、このレースではコンパウンダーが6番人気、セプタリアンが3番人気ですから、オッズに歪みがあることがわかります。常に人気しやすい馬は想像以上に多いため、メンバーレベルでぶった切ってしまうのも有効でしょう。そもそも人気馬を買って勝つのは非常に難しいため、買うとしたらそれこそアーモンドアイといったような"能力が間違いなく高い馬""アクシデントがなければクラス突破は間違いないほど能力のある馬"を選ぶべきで、能力さえも足らない人気馬をわざわざ買う必要はないわけです。

> **JUDGE** セプタリアンは常に人気になるが、過去走の
> メンバーレベルは低く、1000万下では積極的に買えない。

 Ⓓアルモニカの押し出された1番人気

　1番人気だったアルモニカも恐ろしいほどに人気を集めやすい馬。負けても負けても人

CASE STUDY 09

気が落ちず、大敗したらようやく人気が少し落ちるも少し好走するとまた過剰に人気をかぶる……こんな馬を買っていたら勝てないのは当然ですが、なぜか人気してしまうんです。

アルモニカの戦績

日付	レース名	コース	頭数	枠番	馬番	タイム	着差	位置取り		上り3F(順位)	人気	着順
2017.10.1	2歳新馬	阪神芝1400良	10	7	7	1.22.2	-0.5	2	2	34.5(1)	1	1
2017.11.3	ファンタジーS(G3)	京都芝1400外良	13	4	5	1.23.4	0.5	2	2	35.3(9)	6	7
2018.2.3	春菜賞(500万下)	東京芝1400稍	15	2	3	1.22.2	-0.1	2	2	34.8(9)	4	1
2018.3.11	フィリーズレビュー(G2)	阪神芝1400良	18	7	14	1.21.7	0.2	4	3	35.9(11)	6	6
2018.5.6	橘S(OP)	京都芝1400外良	8	6	6	1.23.3	0.4	3	3	34.3(5)	1	5
2018.6.3	由比ヶ浜特別(1000万下)	東京芝1400良	18	8	16	1.21.3	0.7	2	2	34.9(11)	1	5
2018.8.4	九州スポーツ杯(1000万下)	小倉芝1200良	11	5	5	1.08.1	0.4	1	1	34.7(8)	2	8
2018.10.27	国立特別(1000万下)	東京芝1400良	18	2	3	1.21.5	1.6	2	2	35.7(18)	10	18
2019.2.23	周防灘特別(1000万下)	小倉芝1200良	18	7	14							消
2019.5.26	御池特別(1000万下)	京都芝1200良	16	3	5	1.08.3	0.3	6	4	33.4(5)	5	3
2019.7.27	由布院特別(2勝クラス)	小倉芝1200良	14	4	5	1.08.2	0.2	1	1	34.4(10)	3	4

　たとえばアルモニカの前2走を見れば、メイショウシャチと0.2秒差だったり、コウエイダリアに先着されていたりします。適性や展開などを無視してこの着差しかないならば1番人気のアルモニカを買うよりも16番人気のメイショウシャチを買うべきですし、コウエイダリアにいたってはアルモニカに先着しているにもかかわらず10番人気なので、当然こちらを買うべきです。ましてや御池特別は上がりの幅が小さいレースで前にいた馬ほど有利なレース。メイショウシャチとアルモニカの上がりは同じ33.4なので後方からの競馬になったメイショウシャチの方に不利があったと解釈することが可能です。

2019年5月26日　京都9R　御池特別　芝1200m良

着	馬名	性齢	斤量	騎手	タイム	位置取り	上がり	人気
1	7 ⑬ ダイシンバルカン	牡7	54	松若風馬	1.08.0	1-1	33.6	9
2	6 ⑫ タイセイアベニール	牡4	56	幸英明	1.08.2	6-5	33.1	1
3	3 ⑤ アルモニカ	牝4	53	丸山元気	1.08.3	6-4	33.4	5
4	4 ⑦ アーヒラ	牝4	53	杉原誠人	1.08.5	2-3	33.8	12
5	2 ③ メイショウシャチ	牡6	54	吉田隼人	1.08.5	8-5	33.4	4

　由布院特別については、5着以内を4角5番手以内にいた馬が占める中、唯一後方から追い込んできたのがコウエイダリアなので、アルモニカに先着した上に、アルモニカよりも展開不利があったことがわかります。これは同じく人気していたラミエルにも言えますね。
　これらの分析を踏まえると、芦屋川特別でコウエイダリアがアルモニカやラミエルに先着し、最低人気のメイショウシャチがアルモニカと差のない競馬（0.1秒差）をしたのは当

然の結果です。このように過剰に人気しやすい馬は、自身が人気を吸収する分、相対的に他の馬のオッズを引き上げる役割を果たしてくれます。ここで紹介したように過去の相手関係を確認していくだけでも美味しい穴馬に出会えることがあります。

JUDGE アルモニカは前走でコウエイダリア（今回10番人気）に先着されており、1番人気は明らかな過剰人気。

2019年9月14日 阪神10R　芦屋川特別　芝1200m良

着		馬名	性齢	斤量	騎手	タイム	位置取り	上がり	人気
1	5 ⑨	ブリッツアウェイ	牝3	53	北村友一	1.08.1	3-3	34.7	12
2	5 ⑩	キャスパリーグ	牝5	55	松若風馬	1.08.1	16-14	33.5	4
3	7 ⑭	ワールドフォーラブ	牝5	55	和田竜二	1.08.2	6-5	34.5	11
4	2 ④	ケイアイサクソニー	牡3	55	藤懸貴志	1.08.2	1-1	35.2	5
5	8 ⑯	コウエイダリア	牝5	55	浜中俊	1.08.2	13-11	33.9	10
6	3 ⑤	ラミエル	牝3	53	松山弘平	1.08.2	6-7	34.3	2
7	4 ⑦	レストンベ	牝3	53	岩田康誠	1.08.2	9-9	34.2	14
8	7 ⑬	セプタリアン	牡3	55	福永祐一	1.08.4	10-7	34.4	3
9	2 ③	アルモニカ	牝4	55	川田将雅	1.08.4	5-5	34.7	1
10	1 ②	サヤカチャン	牝4	55	高倉稜	1.08.5	8-9	34.6	8
11	4 ⑧	メイショウシャチ	牡6	57	吉田隼人	1.08.5	13-14	34.0	16
12	3 ⑥	アリア	牝4	55	菱田裕二	1.08.5	10-11	34.2	9
13	1 ①	オーパキャマラード	牝3	53	藤岡康太	1.08.6	10-11	34.4	13
14	6 ⑫	オトナノジジョウ	牝3	53	吉村智洋	1.08.9	2-2	35.9	15
15	8 ⑮	コンパウンダー	牡4	57	秋山真一郎	1.08.9	13-16	34.2	6
16	6 ⑪	トップソリスト	牝3	53	武豊	1.09.1	3-3	35.6	7

単勝2,660円　複勝1,010円 290円 760円　枠連9,980円　馬連12,840円
ワイド4,050円 8,490円 3,250円　馬単22,600円　三連複77,620円　三連単476,780円

穴馬分解コラム **04**

ハイペース前潰れは
妙味を生みやすい

8/10　小倉3R　3歳未勝利／スペースコロニー（7番人気3着）

競馬はいつの時代も前に行った馬が有利で、理論上逃げた馬だけを買えば回収率は
100%を超えます。おわかりだと思いますが、これが机上の空論となるのは、レース
をやってみないとどの馬が逃げるかわからないからです。ただし、スペースコロニーのよ
うに、テンのダッシュ＝スタート後最初のダッシュが速い馬は毎回のように逃げることが
できたりします。そのため高期待値を生みやすくなりますが、他に逃げたい馬がいた場合
は過剰なハイペースを演出し、バテることで大きな着差がつきやすくなります。競馬では、
着差は人気を決める大きな要素になるので、そこにオッズの旨味が発生するのです。

　スペースコロニーの場合、デビュー3戦目の12月中京の5着時がそこそこのレベルでし
たが、その後は9着→5着→4着→4着→地方3着という結果。過去4走でスペースコロニー
に先着した馬（勝ち馬除く）8頭のうち、実に5頭は未勝利をすでに勝ち上がり、他3頭のう
ち2頭は未勝利クラスで2着の実績がありました。このように、過去に負けた相手が次々に
勝ち上がっていき、時が経つに連れてレースレベルは勝手に下がっていく……にもかかわ
らず、オッズは上がり人気はなくなっていくという現象が発生します。

　そこで迎えた7月21日の中京ダ1800m戦は7番人気なので十分に狙えるオッズでしたが、
前有利の馬場状態を意識しすぎたことで1000m通過61秒というハイペースになり、最後で
垂れて5着でした。人気とは常に直近の結果に素直なもので、次走時にはこの時の2着馬エ
イシンボールディが1番人気、3着馬アイタイが4番人気、4着馬スーパーアロイが2番人気、
そしてスペースコロニーが7番人気となっていました。

2019年8月10日　小倉3R　3歳未勝利　ダ1700m良

着	馬名	性齢	斤量	騎手	タイム	位置取り	上がり	人気
1	6 ⑫ ハクサンカイザー	牡3	56	松山弘平	1.47.3	2-4-5-3	39.3	3
2	1 ① フォリオール	牡3	53	岩田望来	1.47.8	2-2-2-2	40.1	6
3	4 ⑦ スペースコロニー	牡3	56	水口優也	1.48.3	1-1-1-1	40.8	7
4	6 ⑪ アイタイ	牡3	56	浜中俊	1.48.4	9-8-5-5	40.4	4
5	3 ⑤ スーパーアロイ	牡3	56	幸英明	1.48.5	11-10-3-3	40.6	2

　結果は、スペースコロニーがマイペース逃げて3着、アイタイが4着、スーパーアロイが
5着、エイシンボールディが7着と見事に前走とは逆の結果になりました。

　このようにハイペースで大敗した馬は一気にオッズ的に妙味が増すため、高確率で逃げ
ることができる馬については、常にチェックが必要です。

CASE STUDY 10

2019年8月25日 小倉11R

小倉日経OP

芝1800m良

穴馬と消し候補の人気馬をピックアップしましょう。※穴馬の定義は便宜上5番人気以下とします。

CASE STUDY 10

OPクラスは適性面／展開面が重要

O字・平坦コースの1800m戦

この日は前有利の馬場だった

©競馬ブック

小倉日経OPの予想手順

『穴パターン事典』を参考に前ページの馬柱を見ると、穴馬2頭と消し候補の人気馬2頭が浮上します。

- Ⓐ ハイヒールの上がりが掛かる馬場
- Ⓑ マウントゴールドの前残り

- Ⓒ レトロロックの叩き2走目
- Ⓓ アウトライアーズの無理使い＆展開不利

まずは前提として、能力差がはっきりしている条件戦にくらべて、準OP／OPクラスレベルになると実力の比較はほぼ不要で、適性や展開面が結果に大きな影響を及ぼします。

1600万下・OP　能力比較：★　適性：★★★★　展開：★★★★

番組が少ないことから、過去に一緒に走ったことのある馬同士がぶつかりやすい条件。もちろん人気は基本的に着順で構成されるので、以前一緒に走った際に、どちらにどう展開・適性が向いたのか？をしっかりと分析することが大事になってきます。

これまで何度も走ってきているので、あの馬がまず逃げるだろう、というような展開の予想はしやすいです。しかし、番組数が少ない影響から、いつもとは違う乗り方をして勝ちにくる等「イレギュラー」な展開になることも数多く見られます。その結果、まったくわけのわからない人気薄の馬が突っ込んできたりしますし、穴馬を狙うには「展開」が大事なのにも関わらず、想定していた「展開」とはまったく「別の展開」になってしまうことが多いことから、予想にブレが生じやすくなります。

※『穴パターン事典』P208より引用

そのため、このクラスを予想する際には、これまで走ってきた馬の戦績など能力の確認をするのではなく、まず始めにどういったレースになるかを理解する必要があります。

今回の小倉日経OPで言えば、小倉競馬場は前有利と後ろ有利の傾向が大きく出やすいので、脚質的傾向を確認します。

脚質的傾向や展開など、そのときの傾向を確認するためには人気薄の結果から馬場傾向を確認するのが有効です。人気馬は単純に能力上位である可能性が高いため、多少の不利を受けたとしても絶対的な能力の差でカバーしてくることがあるからです。反対に人気薄の馬は、能力が足りない分、展開利や脚質利の力を借りることが好走の条件になってくるため、傾向を掴むためには人気薄の馬の好走を見るとわかりやすいです。

CASE STUDY 10

この日の小倉芝レースで5着以内に好走した馬の人気と通過順を記したのが下の表です。

2019年8月25日 小倉芝 1〜5着馬の人気と4角通過順位

小倉2R	人気	4角通過順位
1着	5	3
2着	4	2
3着	1	1
4着	3	6
5着	10	5

小倉6R	人気	4角通過順位
1着	7	12
2着	1	5
3着	13	5
4着	6	1
5着	5	8

小倉4R	人気	4角通過順位
1着	1	1
2着	3	4
3着	7	8
4着	2	4
5着	5	4

小倉9R	人気	4角通過順位
1着	1	5
2着	2	1
3着	3	7
4着	6	9
5着	9	5

小倉5R	人気	4角通過順位
1着	1	2
2着	3	2
3着	6	1
4着	8	5
5着	2	4

小倉10R	人気	4角通過順位
1着	6	2
2着	1	4
3着	8	4
4着	10	1
5着	7	12

5番人気以下の人気薄での好走馬16頭のうち、4角通過1〜5番手：11頭、4角通過6番手以下：5頭ということで、前有利の傾向が強いことがわかります。また、4角通過6番手以下の馬は馬券内という括りでみると2頭しかいないという点を見ても、馬券を考える上ではかなり前有利で検討すべきという馬場状態でした。前有利ということを踏まえた上で、今回のレースに出走する馬を先行馬と差し馬に分類をすると以下のようになります。

先行馬	人気
アロハリリー	4
ハイヒール	8
ベステンダンク	11
ジョルジュサンク	12
マウントゴールド	7
ケイティクレバー	9
プラチナムバレット	13

差し馬	人気
レトロロック	3
トリコロールブルー	1
ボールライトニング	10
アウトライアーズ	2
サーブルオール	5
マイネルフラップ	6

明らかに前に行く馬の人気がなく、後方からの馬が人気を集めている状態。そもそも競馬は前有利なのでこのような人気構成になっているときは総じて狙い目になりやすいですが、とくにこの日の小倉は先ほど分析した通り4角5番手以内にいる馬が穴馬として好走できる馬場だったので、それを前提に組み立てて行きましょう。

Ⓐハイヒールの上がりが掛かる馬場

『穴パターン事典』では上がりの掛かる馬場が得意な馬を判別する際には、下記の2点に注目すると見分けやすいと書きました。

①レース上がりが35.5以上のレースでの好走歴
②レース上がりが35.0以下のレースでの凡走歴

ハイヒールの戦績を確認すると、①の場合は［1-2-2-3］で②の場合が［1-0-1-4］となっており、上がりが掛かるほど良い成績を残していることがわかります。
今回この馬が人気を落とした要因は、おそらく何よりも前走で2勝クラスを勝ち上がったばかりの馬だからという点だったと思います。

ハイヒールの戦績

日付	レース名	コース	タイム	着差	位置取り	ペース	上り3F(順位)	人気	着順
2017.8.12	2歳新馬	札幌芝1500重	1.32.5	-0.2	4 3 3	31.2-37.0	36.8(1)	1	1
2017.10.28	アルテミスS(G3)	東京芝1600良	1.35.4	0.5	7 7	35.4-35.1	35.0(6)	12	7
2017.11.26	白菊賞(500万下)	京都芝1600良	1.37.0	0.7	2 2	36.8-35.1	35.7(8)	8	6
2017.12.10	阪神JF(G1)	阪神芝1600良	1.36.0	1.7	10 14	35.3-34.4	34.9(11)	17	16
2018.2.17	3歳500万下	京都芝1400外良	1.25.6	1.1	5 4	36.8-35.0	35.8(10)	6	8
2018.3.24	ミモザ賞(500万下)	中山芝2000良	2.02.4	0.6	3 5 6 4	36.5-35.7	35.9(4)	10	4
2018.4.22	フローラS(G2)	東京芝2000良	2.00.2	0.7	9 8 8	36.9-34.5	34.6(9)	16	9
2018.6.17	3歳以上500万下	東京芝1800良	1.47.0	0.0	8 7 7	36.3-34.6	33.9(3)	8	3
2018.7.15	3歳以上500万下	中京芝2000良	2.00.3	0.5	7 7 7 8	36.0-35.5	35.3(5)	4	6
2018.10.21	浦佐特別(500万下)	新潟芝2000外良	1.59.9	0.2	6 6	35.8-34.9	34.4(6)	4	5
2018.11.4	3歳以上500万下	京都芝2000良	2.01.2	0.0	4 5 2 2	36.3-35.4	35.3(6)	5	1
2018.12.16	蛍池特別(1000万下)	阪神芝2000良	2.00.9	0.4	2 2 2 2	36.2-36.3	35.9(2)	5	3
2019.1.12	北大路特別(1000万下)	京都芝1800良	1.48.8	0.8	7 6	36.0-35.8	35.9(9)	6	7
2019.3.16	4歳以上1000万下	中山芝2000良	2.03.2	1.0	5 5 5 5	37.7-35.3	35.7(5)	6	6
2019.5.12	テレ玉杯(1000万下)	東京芝2000良	1.58.0	0.2	6 6	35.2-35.6	34.3(2)	5	2
2019.6.1	三木特別(2勝クラス)	阪神芝1800良	1.46.8	0.2	4 5	34.7-37.2	35.8(6)	6	4
2019.6.22	京橋特別(2勝クラス)	阪神芝2000良	2.00.7	0.0	1 1 1 1	36.4-35.5	35.5(2)	4	2
2019.8.10	宮崎特別(2勝クラス)	小倉芝2000良	1.59.8	-0.2	4 3 2 2	35.8-34.9	34.9(1)	2	1

CASE STUDY 10

　1000万下は多少能力差があるため能力の比較も必要になってきますが、1000万下を突破することができた馬については、能力が高いことはすでに証明できているので展開／適性の勝負になります。そのため、準OPを超えてOPに挑戦してきたと言っても、展開／適性さえ噛み合えば好走することは可能です。このハイヒールは準OP以上のレースでは能力よりも適性と展開が重要になるということをわかりやすく証明して見せた一頭です。

　昇級戦をこのようなローテーションで使われてきたときは、そこに至るまでのローテーションを見ることで、無理をして出走させてきたのか、もしくはゆとりを持って勝負にきているかを判断することができます。ハイヒールの場合、京橋特別と宮崎特別の間で短期放牧を挟み、ローテに余裕を持っていました。そのため休み明け初戦の宮崎特別では+10kgで出走。このときの448kgという馬体重はデビュー以来最も重い馬体重で、余裕残しの仕上げであったことは間違いないでしょう。そうでなければ中2週でOPへは出走させないでしょうから、余裕のあるローテーションを組んでいたことがわかります。この馬とは反対にアウトライアーズはかなり厳しいローテーションで使われていましたが、そちらはアウトライアーズの項で触れることにします。

　ハイヒールの戦績に話を戻すと、時計の掛かる馬場とO字コースでの戦績は必然的にリンクしやすい傾向があるので、その戦績をまとめてみると、O字コースでの成績が優秀であることもわかります。

O字コース：[2-1-1-4]　　U字コース：[0-1-2-6]

　このことからも展開面／適性面でハマる可能性があり、十分に穴馬としての資格があったと判断することが可能でしょう。

> **JUDGE** 得意のO字コースと前有利の馬場で、
> ハイヒールは展開面／適性面でハマる可能性がある。

 Bマウントゴールドの前残り

　前年のチャレンジCではエアウィンザー（金鯱賞3着・大阪杯5着）と僅差、ステイフーリッシュ（中山金杯2着・京都記念2着・鳴尾記念3着・函館記念3着）、ダンビュライト（京都記念1着）、レイエンダ（エプソムC1着）、サイモンラムセス（小倉大賞典3着）に先着と間違いなく重賞ではトップクラスの競馬をしていました。ちなみに今回1番人気のトリコロールブルーにも先着しています。

　しかし、1番人気で迎えた中山金杯では3角で他馬に挟まれてポジションを落としてし

まい、最後の直線も全く追わず凡走しました。続く小倉大賞典では6着でしたが、これは定番中の定番の上がりの幅が小さいレース。

2019年2月17日　小倉11R　小倉大賞典　芝1800m良

着		馬名	性齢	斤量	騎手	タイム	位置取り	上がり	人気
1	7⑫	スティッフェリオ	牡5	57.0	丸山元気	1.46.7	5-4-4-4	34.2	3
2	3③	タニノフランケル	牡4	54.0	川田将雅	1.46.7	2-2-2-2	34.5	1
3	1①	サイモンラムセス	牡9	53.0	小牧太	1.46.9	1-1-1-1	35.6	14
4	7⑪	ナイトオブナイツ	牡6	56.0	古川吉洋	1.47.0	12-12-10-9	34.0	7
5	2②	エアアンセム	牡8	57.0	吉田隼人	1.47.0	4-4-4-4	34.5	4
6	3④	マウントゴールド	牡6	56.0	浜中俊	1.47.0	5-6-6-6	34.4	5
7	5⑦	ブラックスピネル	牡6	57.0	三浦皇成	1.47.0	2-3-2-2	34.7	9
8	4⑤	レトロロック	牡7	55.0	松若風馬	1.47.2	10-7-8-6	34.4	6
9	6⑨	スズカディープ	セ7	53.0	岩崎翼	1.47.3	13-13-13-13	34.0	12
10	5⑧	マイスタイル	牡5	56.0	田中勝春	1.47.3	5-7-8-8	34.5	2
11	6⑩	ケイティクレバー	牡4	54.0	秋山真一郎	1.47.4	8-10-10-9	34.4	8
12	8⑬	エテルナミノル	牝6	54.0	松田大作	1.47.6	11-10-10-9	34.6	13
13	4⑥	マルターズアポジー	牡7	57.5	柴田善臣	1.47.9	14-14-14-13	34.4	10
13	4⑭	アメリカズカップ	牡5	56.0	幸英明	1.48.1	8-7-6-9	35.4	11

　4角で1〜4番手にいた馬が5着以内に残る形になり、4角での位置取りで着順が決まるレースになりました。マウントゴールドが上がり4位の34.4を使いながらも、前を交わせなかったのはポジションの差だけであり、このレースの敗因は明確でした。

　続く福島民報杯ではゲートで躓き、1角までの先行争いで競って何度も接触があった上に、前半3Fは中距離ではあり得ない33.3という時計。これではバテるのも当然です。さらに3角では他馬の捲りの影響で前が壁になり進んで行けず、4角では最後方1つ前まで位置を下げてしまうという散々な競馬になりました。

　「レースを全て見なければいけないのか……」と思われるかもしれませんが、馬柱を見れば4角を14番手、13番手で迎えてしまった中山金杯と福島民報杯がイレギュラーであったことはすぐにわかるので、レースを全て見ずとも馬柱から十分に拾いきれる範囲です（イレギュラーを馬柱で察知してからレース映像確認で十分）。

　この結果からチャレンジC以降はまったく自分の競馬ができていないことがわかるのですが、3連敗を喫したことで一気に見捨てられ、福島テレビＯＰでは6番人気まで人気を落としました。

　ここまでの分析から、まともに競馬ができれば強いことはわかりきっているので、人気を落とした福島テレビＯＰは買い時であったことがわかると思います。とはいえ、ここで買えなかったとしても問題ありません。なぜなら、好走したにもかかわらず続く小倉日経ＯＰでは7番人気と再び人気薄だったのですから。

CASE STUDY 10

　結果的に着順こそ4着でしたが、馬体は完全に3着のハイヒールよりも前に出ており、首の上げ下げのタイミングが悪く4着になってしまった形だったので、これぱかりは不運と言うほかどうしようもありませんでした。

　ちなみに今回当該レースで1番人気だったトリコロールブルーもチャレンジCに出走していましたが、マウントゴールドから1.2秒離れた10着でした。そうであるにも関わらず、このレースではなぜかトリコロールブルーが1番人気でマウントゴールドが7番人気という評価だったのです。

　チャレンジCと小倉日経OPの間の両馬の戦績がこの人気を形成しているのですが、果たしてこの間のレースでトリコロールブルーとマウントゴールドの1.2秒差を覆すだけの何かがあったのでしょうか。

　前述の通り、マウントゴールドは3回連続で恵まれない競馬をしてしまっただけで、まともに走ればOP2着と好走しているわけです。それに加え、そもそも使われたレースも重賞でした。それに対し、トリコロールブルーはリステッド競走を二度使われて、いずれも人気で勝ちきれていません。

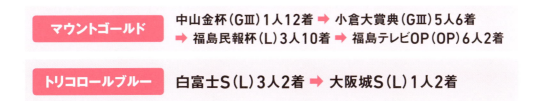

　過去の着順と今回の人気が逆転しているというのは非常によくある現象ですが、「当時は負けていたけど、今は逆転している」や「当時は勝っていたのだから今回も先着できる」という納得のいく説明ができるかどうかを考えることが必要になります。

　そこにはおそらく衰えや不調を考慮することだったり、『穴パターン事典』の内容のような展開や適性の良し悪しを判断をすることだったりが必要になりますが、よほどのことがない限り先着したにも関わらず人気がないという馬を買ったほうが得策です。なぜならば、人気とはいわばなんとなく雰囲気で作られているものだからです。

　今回のトリコロールブルーとマウントゴールドの2頭の例においても、チャレンジCでは大差で負けたトリコロールブルーがマウントゴールドを逆転したと判断できる材料は見

つかりませんでした。マウントゴールドは衰え・不調が懸念されていましたが、前述の通りチャレンジC後の3戦は不向きなレースになり敗れただけで、まともに走れた福島テレビOPで好走していることからも大きな衰えはなさそうと判断できました。

適性面ではチャレンジCはO字・急坂コースの2000mで今回はO字・平坦コースの1800m戦。ということで2頭の過去の戦績を確認してみると、マウントゴールドがやや急坂コースでの良績が目立つくらいで、この条件代わりにおいてはチャレンジCでの大差が簡単にひっくり返るほどの適性の差はないと判断することが可能です。

マウントゴールド	急坂コース:[2-1-1-3]　平坦コース:[1-1-1-4] O字・平坦・1800m戦:[0-1-0-1]

トリコロールブルー	急坂コース:[2-1-1-2]　平坦コース:[2-1-1-2] O字・平坦・1800m戦:[1-0-1-0]

それに加えて、前有利という展開／馬場コンディションだったので、前に行けるマウントゴールドが恵まれる可能性が出てきます。そうなれば当然、マウントゴールドを評価すべきという判断になります。

今回はそのままの評価で良いという結論に至りましたが、仮にトリコロールブルーが急坂コースが苦手で、平坦コースが得意だったとします。その場合、チャレンジCは苦手な急坂コースであったためマウントゴールドに大きく負けてしまったものの、今回は得意な平坦コースに替わって逆転が見込めるという考え方ができます。そうなると当然着順をそのまま評価してはいけません。とはいえ、そのように評価したところで1.2秒の差を埋めることができるのかを測ることはできません。ましてやトリコロールブルーは1番人気なので、評価してこの馬を買うのではなく、このレースを見送れば良いのです。レースはこのレースだけではないので、もっと明快に穴馬を狙えるレースだけ狙っていけば良いのです。ごくごく当たり前のことを言っているようですが、これが当たり前にできず直近の成績に左右されてしまう人がどれほどいるかは、この方法を続けていけばわかるでしょう。

JUDGE　チャレンジC2着以降の3走は自分の競馬ができておらず、トリコロールブルーとの比較でも、この人気落ちは美味しい。

CASE STUDY 10

○レトロロックの叩き2走目

　後述するアウトライアーズとともに脚質差しに分類され、そもそも前残りが想定された小倉日経OPでは消したい人気馬に分類されます。その時点で消しという判断でも良いのですが、より細かく分析していくとこの2頭にはローテーションが良くないという共通項があることを読み解くことができます。

　レトロロックの戦績を見てすぐにわかるように、休み明けのフレッシュな状態のほうが走る馬。休み明けは［2-5-0-5］という成績であり馬券外のうち3つは重賞であるため、条件戦における休み明けの成績は［2-5-0-2］とほぼパーフェクト。反対に叩き2走目では［2-0-1-4］とふるわない結果。

休み明け：［2-5-0-5］　　着順：❷④❷❷❷❷❶⑨❶⑪⑧⑧

叩き2走目：［2-0-1-4］　着順：⑥⑥❶⑦❸①④

レトロロックの戦績

日付	レース名	コース	頭数	枠番	馬番	タイム	着差	位置取り	上り3F(順位)	人気	着順
2015.10.31	二本松特別(500万下)	福島芝1800良	16	1	2	1.48.3	0.1	9 7 9 8	34.4(3)	1	2
2016.2.13	脊振山特別(500万下)	小倉芝1800稍	16	3	5	1.47.9	0.6	11 11 7 4	35.7(5)	1	2
2016.3.6	唐戸特別(500万下)	小倉芝2000稍	15	2	2	2.00.7	-0.4	3 5 5 4	34.8(2)	1	1
2016.3.21	小牧特別(1000万下)	中京芝2000良	13	4	4	2.02.6	0.0	4 3 3 3	36.1(2)	2	2
2016.7.9	茶臼山高原特別(500万下)	中京芝2000不	12	8	12	2.06.0	0.0	4 4 5 5	36.0(1)	1	2
2016.7.31	国東特別(500万下)	小倉芝2000良	11	7	8	2.00.8	1.4	5 5 4 2	38.1(7)	1	7
2016.12.18	3歳以上500万下	中京芝2200良	17	1	1	2.14.5	0.2	9 9 11 7	35.1(1)	1	2
2017.1.16	熱田特別(500万下)	中京芝2000稍	18	8	16	2.02.7	0.5	13 13 13 11	35.7(2)	1	3
2017.1.29	金山特別(500万下)	中京芝2200良	9	2	2	2.14.2	0.1	3 3 3 3	34.2(2)	1	2
2017.4.15	4歳以上500万下	阪神芝2200良	10	7	7	2.13.4	-0.2	4 4 3 2	35.5(4)	1	1
2017.5.6	鴨川特別(1000万下)	京都芝2000良	12	3	3	1.59.7	-0.2	5 5 8 8	34.1(3)	1	1
2017.5.21	下鴨S(1600万下)	京都芝2000良	11	1	1	1.58.8	0.6	6 6 6 7	34.5(3)	1	5
2017.12.9	オリオンS(1600万下)	阪神芝2400良	11	7	9	2.29.7	0.6	5 5 5 1	34.5(10)	6	9
2018.1.7	寿S(1600万下)	京都芝2000良	9	6	6	2.00.1	1.0	7 6 5 5	34.9(4)	5	4
2018.2.25	関門橋S(1600万下)	小倉芝1800良	11	7	9	1.45.2	-0.3	6 6 6 1	34.0(1)	3	1
2018.4.15	福島民報杯(OP)	福島芝2000良	16	8	16	2.01.7	0.9	12 12 13 7	37.2(5)	2	8
2018.5.12	都大路S(OP)	京都芝1800良	14	4	6	1.45.8	1.2	9 10	34.8(9)	7	10
2018.8.26	小倉日経OP(OP)	小倉芝1800良	8	5	5	1.46.1	-0.3	3 3 3 3	34.8(4)	4	1
2018.11.11	福島記念(G3)	福島芝2000良	16	3	6	1.59.5	1.2	6 6 6 6	36.7(13)	5	11
2019.2.17	小倉大賞典(G3)	小倉芝1800良	14	4	6	1.47.2	0.5	10 7 8 6	34.4(4)	6	8
2019.8.4	小倉記念(G3)	小倉芝2000良	13	5	7	1.59.3	0.5	7 8 11 9	35.3(5)	7	8

馬柱から傾向を掴むためには、赤枠のような人気しながらも凡走したタイミングと、人気薄ながらも好走したときの結果に着目すると、より効果的に傾向を掴むことができます。この馬の場合、飛ぶタイミングがいつも間隔を詰めたときだなとすぐにわかると思います。

　レトロロックが休み明けで走るということは陣営も当然わかっているからこそ、昨年の小倉日経OPを勝って以降、間隔をあけながら重賞を使ってきていたわけです。その中でも得意な小倉を狙って前走の小倉記念に出走させてきたことは明白です。小倉記念では残念ながら進路がなくなり不完全燃焼での敗戦となってしまいましたが、不完全燃焼の競馬だったからこそ、小倉でまたどこか使いたい……と当初の思惑にはなかった小倉日経OPに出てきたはずです。しかし、フレッシュなほうが良い馬が中2週で出走させられてしまっては、いくら得意な舞台といえども負荷が大きく敗れてしまいました。

　実際のレースでは、予想に反してレトロロックが先行し、脚質面での不利を被ることを防ぐことができたのですが、先行勢の中で唯一沈んでしまいました。この辺りも、想定外のローテーションの反動が大きかったと推察されます。

　こうした想定外のローテーションを見抜くのは難しいと思われやすいですが、あるポイントを確認すれば簡単に見つかります。そのポイントについては、アウトライアーズの項で紹介します。

> **JUDGE** レトロロックは間隔を詰めたときに凡走しており、想定外のレースに中2週で出走する今回は危ない。

Ⓓアウトライアーズの無理使い&展開不利

　古馬になってからは福島芝2000mと小倉芝1800mというローカル・O字コースでの勝利のみで、その2つ以外馬券内はないという馬。春に福島民報杯でレッドローゼス(函館記念6着)・クレッシェンドラブ(七夕賞2着)・カデナ(小倉記念2着)というかなりメンバーが揃っていた中での4着だったことから、陣営にとって夏のローカルでの期待は大きかったはず。実際に七夕賞では14番人気5着、小倉記念では10番人気6着と惜しい競馬が続きましたが、小倉記念で夏のローカルの中距離O字コースは終了。通常はこのあと放牧に入ることが多いですが、重賞で5着、6着、しかも小倉記念は進路をなくし脚を余しての6着というあまりにも惜しい競馬だったことで、この小倉日経OPを使ってきました。当然、当初の想定にない使われ方であったので余力が残っている可能性は高くなく、結果として凡走につながります。

　なぜここが無理に使ってきたローテーションだとわかるかというと、秋開催の中距離路線には古馬混合のOP競走／リステッド競走があまり組まれていないためです。そのため、

CASE STUDY 10

小倉記念が終わってしまうと、その次は全休に入るか、もしくは無理にこのOPを使うというローテーションになってしまいます。この無理使いはOP／リステッド競走でよく発生する現象で、1年間に開催されるOP／リステッド競走のローテーションを意識しておくと簡単に分析をすることが可能になります（下表の日付は2019年のもの）。

芝短距離（1000-1400）OP／リステッド競走

日付	レース名	コース
1月5日	カーバンクルステークス	中山芝1200m外
1月14日	淀短距離ステークス（L）	京都芝1200m
4月7日	春雷ステークス（L）	中山芝1200m外
5月5日	鞍馬ステークス	京都芝1200m
5月19日	韋駄天ステークス	新潟芝1000m直
5月26日	安土城ステークス（L）	京都芝1400m外
6月23日	パラダイスステークス（L）	東京芝1400m
7月14日	バーデンバーデンカップ	福島芝1200m
8月4日	UHB賞	札幌芝1200m
8月25日	朱鷺ステークス（L）	新潟芝1400m
10月6日	信越ステークス（L）	新潟芝1400m
10月14日	オパールステークス（L）	京都芝1200m
10月27日	ルミエールオータムダッシュ（L）	新潟芝1000m直
11月10日	オーロカップ（L）	東京芝1400m
12月1日	ラピスラズリステークス（L）	中山芝1200m外
12月14日	タンザナイトステークス	阪神芝1200m

芝マイル前後（1600-1800）OP／リステッド競走

日付	レース名	コース
1月13日	ニューイヤーステークス（L）	中山芝1600m外
2月9日	洛陽ステークス（L）	京都芝1600m外
3月3日	大阪城ステークス（L）	阪神芝1800m外
3月10日	東風ステークス（L）	中山芝1600m外
3月24日	六甲ステークス（L）	阪神芝1600m外
5月5日	谷川岳ステークス（L）	新潟芝1600m外
5月11日	都大路ステークス（L）	京都芝1800m外
5月18日	メイステークス	東京芝1800m
6月16日	米子ステークス（L）	阪神芝1600m外
6月30日	巴賞	函館芝1800m
7月21日	福島テレビOP	福島芝1800m
8月25日	小倉日経OP	小倉芝1800m
9月29日	ポートアイランドステークス（L）	阪神芝1600m外
10月27日	カシオペアステークス（L）	京都芝1800m外
11月23日	キャピタルステークス（L）	東京芝1600m
12月7日	リゲルステークス（L）	阪神芝1600m外

芝中距離（1800-2600）OP／リステッド競走

日付	レース名	コース
1月26日	白富士ステークス（L）	東京芝2000m
3月3日	大阪城ステークス（L）	阪神芝1800m外
4月14日	福島民報杯（L）	福島芝2000m
5月4日	メトロポリタンステークス（L）	東京芝2400m
5月11日	都大路ステークス（L）	京都芝1800m外
5月18日	メイステークス	東京芝1800m
6月30日	巴賞	函館芝1800m
7月21日	福島テレビOP	福島芝1800m
8月3日	札幌日経OP（L）	札幌芝2600m
8月25日	小倉日経OP	小倉1800m
9月1日	丹頂ステークス	札幌芝2600m
10月13日	オクトーバーステークス（L）	東京芝2000m
10月27日	カシオペアステークス（L）	京都芝1800m外
11月16日	アンドロメダステークス（L）	京都芝2000m
12月15日	ディセンバーステークス（L）	中山芝1800m

ダート　短距離～マイル前後（1200-1600）OP／リステッド競走

日付	レース名	コース
1月14日	ジャニュアリーステークス	中山ダ1200m
1月19日	すばるステークス（L）	京都ダ1400m
2月10日	バレンタインステークス	東京ダ1400m
2月17日	大和ステークス	京都ダ1200m
3月9日	ポラリスステークス	阪神ダ1400m
3月17日	千葉ステークス	中山ダ1200m
3月30日	コーラルステークス（L）	阪神ダ1400m
4月14日	京葉ステークス（L）	中山ダ1200m
4月20日	オアシスステークス（L）	東京ダ1600m
4月29日	天王山ステークス	京都ダ1200m
5月12日	栗東ステークス（L）	京都ダ1400m
5月25日	欅ステークス	東京ダ1400m
6月8日	天保山ステークス	阪神ダ1400m
6月22日	アハルテケステークス	東京ダ1600m
8月18日	NST賞	新潟ダ1200m
9月7日	エニフステークス（L）	阪神ダ1400m
9月21日	ながつきステークス	中山ダ1200m
10月6日	グリーンチャンネルカップ（L）	東京ダ1400m
10月19日	室町ステークス	京都ダ1200m
11月17日	霜月ステークス	東京ダ1400m
11月24日	オータムリーフS	京都ダ1200m
12月22日	ギャラクシーS	阪神ダ1400m

CASE STUDY 10

ダート 中距離（1700-2100）OP／リステッド競走

日付	レース名	コース
1月6日	ポルックスステークス	中山ダ1800m
2月2日	アルデバランステークス	京都ダ1900m
2月23日	仁川ステークス（L）	阪神ダ2000m
3月3日	総武ステークス	中山ダ1800m
5月5日	ブリリアントステークス（L）	東京ダ2100m
6月1日	スレイプニルステークス	東京ダ2100m
6月22日	大沼ステークス（L）	函館ダ1700m
7月7日	マリーンステークス	函館ダ1700m
7月14日	名鉄杯（L）	中京ダ1800m
8月10日	阿蘇ステークス	小倉ダ1700m
8月24日	BSN賞（L）	新潟ダ1800m
9月15日	ラジオ日本賞	中山ダ1800m
10月12日	太秦ステークス	京都ダ1800m
10月20日	ブラジルカップ（L）	東京ダ2100m
11月17日	福島民友カップ（L）	福島ダ1700m
12月7日	師走ステークス（L）	中山ダ1800m
12月28日	ベテルギウスステークス（L）	阪神ダ1800m

　芝短距離路線では、セカンドテーブルが夏を狙ったローテーションで重賞に連続出走し、CBC賞では3着、続く北九州記念ではスタートで不利があって不完全燃焼の5着。その結果、当初は予定になかったであろうオパールSに出走し、2番人気18着と考えられないような大凡走をしました。

セカンドテーブルの戦績

日付	レース名	コース	頭数	枠番	馬番	タイム	着差	位置取り		上り3F（順位）	人気	着順
2017.7.2	CBC賞（G3）	中京芝1200良	18	7	14	1.08.0	0.0	2	2	34.6（11）	13	2
2018.1.28	シルクロードS（G3）	京都芝1200良	18	3	6	1.09.0	0.7	9	9	34.2（6）	7	7
2018.4.8	春雷S（OP）	中山芝1200良	16	8	16	1.07.4	0.0	2	2	34.4（14）	6	2
2018.5.6	鞍馬S（OP）	京都芝1200良	15	6	10	1.08.2	0.2	3	3	33.5（5）	1	4
2018.7.1	CBC賞（G3）	中京芝1200良	18	5	9	1.07.3	0.3	2	2	34.4（16）	8	3
2018.8.19	北九州記念（G3）	小倉芝1200良	17	3	6	1.07.1	0.5	8	9	34.0（8）	5	5
2018.10.7	オパールS（OP）	京都芝1200良	18	1	1	1.10.3	2.1	3	3	36.6（18）	2	18

　ダート短距離路線では、クインズサターンがフェブラリーSで敗れた後、オアシスSを使ってきました。フェブラリーSですら想定外だったにも関わらず、さらにもう一走走らされたことで、武蔵野Sで2着になった得意の舞台、東京ダ1600mで1番人気ながら13着に沈んでしまいました。

　フェブラリーSに出走を予定していたら、9月から使わないですし、ましてやラジオ日

本賞→シリウスSという中1週のローテーションでは出走しません。また、武蔵野Sで2着した後、わざわざオープン競走である師走Sを使う必要もないので、フェブラリーSを目標にしていたわけではないことは明白でしょう。

クインズサターンの戦績

日付	レース名	コース	頭数	枠番	馬番	タイム	着差	位置取り	上り3F(順位)	人気	着順
2018.5.19	平安S(G3)	京都ダ1900稍	16	5	10	1.57.5	0.2	8 8 9 8	36.3(1)	5	3
2018.9.16	ラジオ日本賞(OP)	中山ダ1800良	9	4	4	1.51.8	0.4	7 7 6 6	37.2(2)	1	4
2018.9.29	シリウスS(G3)	阪神ダ2000不	16	3	6	2.03.3	1.8	14 14 14 15	37.3(7)	6	9
2018.11.10	武蔵野S(G3)	東京ダ1600稍	16	2	3	1.34.9	0.2	13 14	34.9(2)	7	2
2018.12.8	師走S(OP)	中山ダ1800良	16	7	13	1.51.3	0.4	12 11 9 11	36.4(1)	4	3
2019.1.27	根岸S(G3)	東京ダ1400良	16	1	1	1.23.9	0.4	9 8	35.6(3)	5	3
2019.2.17	フェブラリーS(G1)	東京ダ1600良	14	1	1	1.37.4	1.8	13 10	36.2(7)	10	11
2019.4.20	オアシスS(L)	東京ダ1600良	16	8	15	1.38.5	1.8	15 14	37.0(7)	1	13

　このようにして番組に限りのあるOP／リステッド／GⅢあたりのレースは、重賞でも好走できるような強い馬が「オープンだから余力でなんとかなる」と思い、当初の想定外で出走してくることが多数あります。そのため、ローテーションの意味を考えることで、馬自体の真の余力を見分けることができます。

　話を戻して、アウトライアーズが好走した七夕賞と小倉記念を分析していくと、OP／GⅢレースで結果に大きく影響を与える展開面で、アウトライアーズにとって有利な方向に向いていたことがわかります。

2019年7月7日　福島11R　七夕賞　芝2000m稍重

着	馬名	性齢	斤量	騎手	タイム	位置取り	上がり	人気
1	6 ⑫ ミッキースワロー	牡5	57.5	菊沢一樹	1.59.6	10-10-9-4	36.7	3
2	8 ⑮ クレッシェンドラヴ	牡5	55	内田博幸	1.59.7	14-12-10-8	36.6	2
3	5 ⑨ ロードヴァンドール	牡6	55	横山典弘	2.00.2	3-3-3-3	37.8	12
4	6 ⑪ ゴールドサーベラス	牡7	54	藤田菜七子	2.00.3	15-16-15-13	36.9	11
5	1 ② アウトライアーズ	牡5	54	野中悠太	2.00.5	15-12-11-11	37.3	14

　七夕賞はハイペースになったことで前に行った馬がことごとく潰れる結果に。差し馬が上位を独占する中でその流れに乗って5着と好走してきた形でした。

CASE STUDY 10

2019年8月4日　小倉11R　小倉記念　芝2000m良

着	馬名	性齢	斤量	騎手	タイム	位置取り	上がり	人気
1	6 ⑧ メールドグラース	牡4	57.5	川田将雅	1.58.8	11-11-8-9	34.9	1
2	6 ⑨ カデナ	牡5	56	北村友一	1.58.8	12-12-11-12	34.7	6
3	5 ⑥ ノーブルマーズ	牡6	56	高倉稜	1.58.9	3-3-2-2	35.3	5
4	3 ③ タニノフランケル	牡4	55	松若風馬	1.58.9	2-2-2-2	35.4	4
5	7 ⑪ クリノヤマトノオー	牡5	55	和田竜二	1.59.0	9-8-5-4	35.2	8
6	4 ④ アウトライアーズ	牡5	54	丸田恭介	1.59.2	13-12-13-12	35.0	10

　小倉記念は七夕賞ほど展開は向かなかったものの、早めの仕掛けでアイスストームとクリノヤマトノオーが捲っていったことで、差しが決まる展開に。展開が恵まれた中での5、6着から今回の小倉日経OPでは展開に恵まれない可能性が高くなることで、人気を裏切って11着と凡走する結果になりました。

　重要なので繰り返しますが、OP／GⅢクラスはどの馬もここまで勝ち上がってきており実力がある馬ばかり。そのため、展開や適性面が着順に与える影響が大きいクラスです。アウトライアーズのように、展開が向いて5、6着した後に今回展開が向かないことがわかっている人気馬に重い印を打つのは非常に危険なのです。

JUDGE　**アウトライアーズは無理使いのローテーションで、さらに前2走のように展開が向くことがないここは危険。**

2019年8月25日　小倉11R　小倉日経OP　芝1800m良

着	馬名	性齢	斤量	騎手	タイム	位置取り	上がり	人気
1	1 ① アロハリリー	牝4	54	酒井学	1.46.4	2-3-3-2	35.3	4
2	4 ⑤ ベステンダンク	牡7	57	秋山真一郎	1.46.4	1-1-1-1	35.8	11
3	3 ③ ハイヒール	牝4	54	高倉稜	1.46.5	5-5-5-5	34.9	8
4	6 ⑧ マウントゴールド	牡6	58	藤井勘一郎	1.46.5	2-2-2-3	35.5	7
5	8 ⑫ サーブルオール	牡6	56	津村明秀	1.46.7	9-9-10-8	34.5	5
6	5 ⑥ ジョルジュサンク	牡6	56	川須栄彦	1.46.7	7-6-6-5	34.8	12
7	4 ④ トリコロールブルー	牡5	56	和田竜二	1.46.7	6-6-6-7	34.9	1
8	7 ⑩ ケイティクレバー	牡4	56	松若風馬	1.47.0	8-8-8-8	35.0	9
9	5 ⑦ ボールライトニング	牡6	56	西村淳也	1.47.0	9-9-8-8	35.0	10
10	8 ⑬ マイネルフラップ	牡3	53	国分優作	1.47.0	11-11-11-11	34.7	6
11	7 ⑪ アウトライアーズ	牡5	56	斎藤新	1.47.2	12-12-12-12	34.8	2
12	2 ② レトロロック	牡7	57	北村友一	1.47.3	2-3-3-4	36.2	3
13	6 ⑨ プラチナムバレット	牡5	56	岡田祥嗣	1.47.5	13-13-13-12	34.8	13

単勝770円　複勝300円 1,110円 360円　枠連1,170円　馬連16,240円
ワイド4,090円 930円 6,330円　馬単24,010円　三連複39,950円　三連単234,040円

1992年生まれ。愛知県出身。祖父が馬主だったため、幼い頃から競馬に触れる機会が多く、2013年の安田記念をハズしたことを切っ掛けに馬券の研究を始める。現在は雑誌「競馬王」での活躍をはじめ、競馬オンラインサロンのオーナーとしても活躍中。血統・ラップ・馬場読みを中心に臨機応変にファクターを使い分ける予想スタイルで、大穴狙いに定評がある。著書に『「絶対に負けたくない!」から始める馬券術』(共著・小社刊)、『「絶対に負けたくない!」から紐解く穴パターン事典』(小社刊)がある。

Twitter:@kyv_a

オンラインサロン
https://lounge.dmm.com/detail/2040/

「絶対に負けたくない!」から紐解く
穴パターン事典 ケーススタディ

2019年12月8日初版第1刷発行

著　　　者	メシ馬
発 行 者	松丸仁
デ ザ イ ン	雨奥崇訓（oo-parts design）
写　　　真	村田利之
印刷・製本	株式会社 暁印刷
発 行 所	株式会社 ガイドワークス

編集部　〒169-8578　東京都新宿区高田馬場4-28-12　03-6311-7956
営業部　〒169-8578　東京都新宿区高田馬場4-28-12　03-6311-7777
URL　　http://guideworks.co.jp

本書の内容の一部あるいは全部を無断で複合複製（コピー）することは、法律で認められた場合を除き、著作者および出版社の権利の侵害となりますので、その場合は予め小社あてに許諾を求めて下さい。

©Meshiuma　©Guideworks

簡易版 穴パターン事典

穴パターンの一覧を見ながら本文が読める!!

01 ハイレベルレース経験

競馬において絶対的な指標となるのがレースレベルです。過去に一緒に走ったメンバーのレベルがわかれば、自ずと今回のメンバーの中で能力の高い馬が見えてきます。レースレベルの測り方として、私はレースごとの次走勝ち上がり馬の数を調べるという方法をお勧めしています。

02 加速ラップ

加速ラップとは、文字どおり加速したラップを刻んだことを指し、「そのレースでは、まだかなり余力があった」ことを示します。走破タイムが同じだとしても、最後の3Fが12.0-11.8-11.5と12.0-11.5-11.9とでは価値が違います。前者は「走ろうと思えばもっと良い時計で走れた」と解釈することができます。

03 平坦コース巧者

平坦コース巧者の多くは、スピードには勝るが持続力の低い馬です。そのため、前目からスッと抜け出して最後の直線は差されないように我慢するような競馬を得意とします。また急坂コースでラスト1Fを一気に差し込まれてしまった先行馬等も平坦に替わって粘りを増すことが多々あります。

04 急坂コース巧者

急坂コース巧者の多くは、スピードは足りないがパワーのある馬です。末脚の持続性が高く、他の馬の脚が鈍った時にもバテずに脚を使えます。ピッチ走法の馬が多く、中山、阪神、中京の他に、道悪、小回りコースなどでも長所を活かすことができます。

05 U字コースとO字コース

日本の競馬場の中距離レースには、コーナー2回のU字コースとコーナー4回のO字コースがあり、コース形態が変わることで馬ごとに向き不向きが出てきます。同じ距離のレースでも、コーナーの数が多ければ緩急のある流れになりやすく、コーナーの数が少なければ息の抜けない流れになりやすいと言えます。

06 内枠が得意な馬 外枠が得意な馬

競走馬には内枠が得意な馬、外枠が得意な馬がおり、それぞれの得手不得手に合わせて得意な舞台で買う必要があります。『穴パターン事典』では、内枠が得意な馬=ギアチェンジが速い馬、外枠が得意な馬=長く脚を使える馬・トビが大きい馬、という判別法を紹介しています。

07 長く脚を使う馬とギアチェンジが上手い馬

『穴パターン事典』では、最後の1Fでラップを落とさずに走れることを「長く脚を使う」、GOサインが出た時に一気に加速できることを「ギアチェンジが優れている」と表現しています。ラスト3Fのうちのどこの地点で他馬に勝る脚を使えたかを見ることで、ギアチェンジ型の馬なのか長く脚を使う馬なのかを分類することができます。

08 中山替わり

今の高速馬場・ギアチェンジが主流の時代に、主流に逆らった中山競馬場は中央主要4場のひとつとして機能しつつ特殊な存在です。中央主要4場のうち中山でしか走らない馬はたくさんいますし、ローカルとリ

ンクしやすいのも主要4場の中では中山だけです。

09 苦手条件での好走と得意条件での凡走

苦手だったことができるようになる、得意だったことができなくなるというように、競走馬は常に成長・衰退を繰り返しています。それを推し量る指標としてもっとも効果的なのが、「得意なレースでの凡走」と「苦手なレースでの好走」をターニングポイントとして見ることです。

10 時計が掛かる（芝）

現代の競馬はキレ味に長け、時計の速いレースに強いサンデーサイレンス系の天下です。そのため雨の影響などで時計が掛かると大きな穴が出ます。時計が掛かるほうが良い馬を見抜くには、「時計が掛かる馬場＝レース上がりが35.5秒以上掛かる馬場」と定義して戦績を見るといいでしょう。

11 ダート道悪巧者

ダートにおける雨の影響具合は大きく、良馬場と重馬場／不良馬場は全く別のレースになります。そのため、道悪巧者を把握しておけば、良馬場で負けて人気を落としてくれるので、美味しい馬券につながります。

12 芝➡ダート➡芝

芝で強いレースをしていた馬の初ダートは過剰人気しますが、芝で強かった馬がダート転向し敗戦、そこから再度芝へ戻るときはあまり人気しません。ダートを挟むことによって世間の評価はブレますが、まったく別の適性を求められるダート戦でどれほど負けようが関係ありません。当たり前ですが、芝レースは芝レースでの実績を見るだけで良いのです。

13 ダート➡芝➡ダート

「芝→ダ→芝」と全く同じことが言えます。このパターンでは馬にとってメリットがあるわけではなく、人気を作る側・馬券購入者の注目から一度離れることで人気が落ちるという点がメリットになります。扱いとしては人気薄ならば買いで、人気ならば切りと考えましょう。

14 突然バテた馬の距離短縮

距離短縮がハマる馬は大きく分けて2つ。①掛かり癖がある、②手応え抜群にも関わらず突然頭を上げてピッチが落ちる。①については、単純に折り合いがつかない馬が距離短縮でペースが速くなることで、折り合いを気にせずに走ることができるからです。②については距離の壁で負けただけなので、距離短縮で変わる可能性があります。

15 距離延長

距離延長で恩恵を受けることができる馬は大きく分けて2パターンあります。①1200、1400、1600mからの距離延長＝4角で勝負できない位置にいながらも上がり3F上位の脚で上がってきているような馬が、距離延長で追走が楽になることで、4角を勝負できるポジションで迎えることができる。②1800m以上からの距離延長＝1800m・2000mではキレ負けする馬が、距離が延びることで持久力勝負に持ち込むことができる。

16 前崩れレースで先行惜敗

ハイペースで前が崩れると、走破タイムは速くなりません。つまり指数には反映されにくく、先行馬は崩れて敗戦しているので人気も集めすぎません。また、一見ボロ負けに見えたとしても、敗戦の理由は明確なので次走での巻き返しが期待できます。

17 前残りレースで差し損ね

馬場や展開により前残りになったレースで後方から差し損ねた馬は、着順こそ落としていますが悲観する内容ではなく、次走で少しでも差しが決まりやすいレースになると巻き返します。